DE L'ADOPTION

EN DROIT ROMAIN ET EN DROIT FRANÇAIS.

FACULTÉ DE DROIT D'AIX

DE L'ADOPTION

THÈSE
POUR LE DOCTORAT

L'acte public sur les matières ci-après sera soutenu, dans une des salles
de la Faculté, le Jeudi **12 Avril 1866**,

PAR

VALABRÈGUE Moïse-Osée

AVOCAT

Lauréat de la Faculté de droit d'Aix dans les Concours de 1862 — 63 — 64.

CARPENTRAS

IMPRIMERIE DE E. ROLLAND.

1866

A LA MÉMOIRE VÉNÉRÉE

DE MA TANTE MIETTE.

—

A MON GRAND-PÈRE.

—

A tous mes parents et amis.

A Me CRÉMIEUX

MEMBRE DU CONSEIL DE L'ORDRE DES AVOCATS DE PARIS,

ANCIEN DÉPUTÉ,

ancien Ministre et Membre du Gouvernement provisoire.

Mon cher confrère et ami,

Le sort vous avait désigné comme un des présidents de ma colonne au barreau de Paris : il ne pouvait mieux faire. Tous les avocats stagiaires inscrits sur ce tableau peuvent attester le zèle avec lequel vous exécutez votre tâche. Après vous être occupé, avec un désintéressement des plus louables, dans de graves circonstances, des plus hauts intérêts du pays, vous ne dédaignez pas d'employer la même ardeur dans l'exercice des fonctions moins importantes qui vous sont aujourd'hui départies. Cette seule considération suffirait pour m'obliger à vous dédier cette œuvre modeste, dont le seul mérite est d'avoir été consciencieusement élaborée, si les conseils particuliers que vous m'avez prodigués, les encouragements que vous m'avez donnés, et surtout les services que vous m'avez rendus, ne me dictaient ma conduite et ne m'astreignaient à ce faible témoignage de reconnaissance. Vous exercez votre noble profession d'avocat avec tant d'éclat, avec tant d'autorité, depuis près d'un demi-siècle, que vous avez développé chez moi, à un degré considérable, le goût du travail, l'amour du devoir et la passion de la vérité.

Veuillez agréer publiquement l'expression de ma profonde gratitude et de mon dévouement.

VALABRÈGUE Moïse-Osée.

DE L'ADOPTION

EN DROIT ROMAIN ET EN DROIT FRANÇAIS.

—————

INTRODUCTION.

Il nous semble inutile d'indiquer les motifs qui nous ont poussé à choisir ce sujet plutôt qu'un autre ; les matières juridiques sont toutes intéressantes, toutes ont leurs difficultés, toutes peuvent donner lieu à des développements étendus. Mais l'importance considérable que l'adoption avait à Rome, sa disparition dans notre ancien droit, par suite de l'établissement de la féodalité, sa restauration, après la chute définitive de l'ancien régime, les questions délicates qu'elle présente dans notre législation, par cela même que les rédacteurs du code ont innové, les différences profondes entre la constitution de la famille, à Rome et dans notre pays, ont été la cause déterminante qui nous a décidé à traiter ce sujet avec toute l'ampleur qu'il mérite. Pour qu'on ne puisse point reprocher de lacune importante à une dissertation aussi modeste que la nôtre, nous examinerons, au commencement même de notre travail, la question de législation proprement dite.

Nous nous demanderons d'abord si un peuple civilisé doit admettre une pareille institution. Nous examinerons ensuite chez quelles nations de l'antiquité elle a été en vigueur, abstraction faite du peuple romain. Nous indiquerons également les pays où l'adoption se trouve autorisée à notre époque ; mais il est facile de comprendre que nous ne pouvons qu'effleurer de pareilles questions ; notre principale tâche est d'exposer les principes fondamentaux du droit romain et du code Napoléon.

Nous sommes tenu, pour ainsi dire, d'encadrer notre tableau ; et c'est pour la saine intelligence de ces deux législations écrites, que nous présentons ce hors-d'œuvre.

Le plan de notre thèse est des plus simples : dans une première partie, nous exposerons ces notions générales, dont nous avons déjà parlé ; dans la deuxième, nous traiterons de l'adoption en droit romain, nous mentionnerons ses diverses espèces, ses conditions, ses formes, ses effets, depuis la loi des Douze-Tables jusqu'à Justinien. Nous montrerons ensuite la physionomie particulière de cette institution sous la période franque ; et nous traverserons des siècles avant d'arriver à l'époque du rétablissement de cet acte solennel, dont l'honneur revient à notre première assemblée constituante.

PREMIÈRE PARTIE.

NOTIONS PRÉLIMINAIRES SUR L'ADOPTION.

I. *Définition.* — Nous pouvons définir l'adoption, d'une manière universelle, un acte solennel qui établit entre deux personnes des relations purement civiles de paternité et de filiation.

II. *Historique.* — Nous pouvons avancer, sans appréhension, qu'à l'origine des sociétés une pareille institution ne pouvait exister. Dans les temps les plus reculés de l'espèce humaine, on ne devait pouvoir jouir des avantages attachés à la paternité à l'encontre des enfants, qu'à la condition de se trouver uni à eux par des liens naturels ; et cette position sans doute était réciproque. Dans cet état primitif de l'humanité, où les droits du père et de l'enfant étaient confus, indéterminés, il est inadmissible de croire que l'adoption ait été permise ou pratiquée. Ce fut une conquête hardie de l'esprit sur la matière, de la civilisation sur la barbarie, que la possibilité de créer des rapports juridiques de filiation entre personnes non issues l'une de l'autre. C'était substituer la fiction à la réalité, c'était soumettre la nature à la volonté de la loi ou de l'usage. Une pareille institution accuse une civilisation un peu avancée. Il est certain que les Hébreux et les Egyptiens en ont usé ; la Bible nous en donne quelques exemples, fort remarquables à plus d'un titre.

Nous lisons dans le verset 10 de l'Exode que Moïse fut adopté par la fille de Pharaon ; assurément pour enfreindre les ordres de son père, elle devait avoir pour appuis la tolérance et les mœurs de son pays. On ne connaît que depuis quelques années l'histoire de l'Egypte, mais certainement la liberté de conscience, que nous regardons comme une conquête de la révolution française, ne devait pas être ignorée des Egyptiens. Joseph, en effet, devint le ministre d'un souverain, et Moïse fut élevé dans le palais d'un Pharaon. Le verset 7 du chapitre II du livre d'Esther nous apprend, d'autre part, que celle-ci était la fille adoptive de Mardochée. Si nous consultons les auteurs grecs, nous voyons également que l'adoption a été en honneur chez les Athéniens et chez les autres Grecs. Sophocle (vers 1009, tragédie d'*Œdipe-Roi*) nous montre Œdipe adopté par Polybe, qui fit preuve envers lui d'une affection paternelle. Et le vers 1129 nous fait voir que le serviteur de Laïus donna le fils du roi des Thébains à un étranger. « Te souviens-tu, dit cet étranger, en s'adressant au serviteur de Laïus, que tu me remis un enfant pour l'élever comme s'il eût été mon fils. »

...... τον 'οισθα παιδά μοί τινα
δους, ὡς ἐμαυτῷ θρέμμα θρέψαι μην ἐγώ.

Vinnius, dans son commentaire des Institutes de Justinien, nous dit aussi : « *Græci in solatium orbitatis filios sibi adsciscere solebant, ut ex Œginetico Isocratis, et Plutarcho*

in Theseo liquet. A défaut de pareils témoignages, à défaut
de documents d'une telle authenticité, il ne pourrait
s'élever aucun débat sur l'existence de cet usage. Les
mots grecs si expressifs ϑιοϑιτιν (prendre pour fils) et
ϑιοϑισια prouveraient d'une façon tout aussi sûre notre
assertion. Mais c'est surtout dans la république romaine que l'adoption prit un grand développement;
nous étudierons à part le rôle important qu'elle joua, les
causes de sa fréquence, et pour le moment nous n'avons
plus qu'à parler des motifs qui doivent faire admettre
cette institution dans toute législation d'un pays tant soit
peu policé.

III. *Des motifs de l'adoption.* — Les sentiments sont
très-divisés sur ce point, et nous ne saurions mieux trancher les controverses qui se sont élevées à cet égard, et
qui peuvent se renouveler, qu'en rappelant les discussions du titre du code civil. Deux rédacteurs éminents
étaient opposés à l'admission de l'adoption ; c'étaient
Bigot-Préameneu et Tronchet. Le premier nous dit
(Poncelet, page 221, tome II) que, quant à lui, il a
toujours été d'avis de rejeter l'adoption, tant à cause des
difficultés qu'elle présente par rapport aux successions,
que parce qu'elle lui semble immorale ; elle place en effet
un enfant entre sa fortune et l'abandon de ses parents.
Il est cependant d'autres moyens de bienfaisance qui
n'exigent pas de celui qui en est l'objet le sacrifice des
devoirs et des sentiments envers sa famille. Et d'ailleurs,
ajoutait-il, jamais le père adoptif ne trouvera dans celui
qu'il adopte le dévouement et la tendresse qu'on a droit
d'attendre d'un enfant naturel. A ces objections joignons
celles de Tronchet : « L'adoption, disait-il, flatte l'imagi-
» nation et la sensibilité..... et la vanité de ceux qui

» veulent perpétuer leur nom. Les avantages que l'on
» prête à l'adoption sont de consoler ceux qui sont privés
» du bonheur d'avoir des enfants, mais l'adoption ne
» sera jamais qu'une imitation imparfaite de la nature.
» Il y a plus : elle détruira les affections qui en ont formé
» le lien, par cela même qu'elle en détruira l'indépen-
» dance et les convertira en devoirs. »

Dans la discussion de ce chapitre du code civil, le premier consul intervint quelquefois, poussé non-seulement par l'idée que l'adoption devait être autorisée par le législateur, mais aussi probablement par une arrière-pensée d'intérêt personnel. Détenteur du pouvoir souverain, il visait à devenir monarque héréditaire, à fonder une dynastie et à assurer son avenir. En 1806, d'ailleurs, après la merveilleuse campagne contre l'Autriche, Napoléon maria son beau-fils Eugène de Beauharnais avec une fille du roi de Bavière, et l'adopta solennellement, en le désignant pour son successeur. Il était donc un partisan ardent de l'adoption, et fit valoir à l'appui de ce contrat des arguments considérables. Il disait avec beaucoup de raison que « l'adoption (226, Poncelet, tome II) est si peu une conséquence du régime nobiliaire, que c'est dans les républiques qu'elle a été principalement en usage. » Le principe électif, base du système républicain, est également la base de l'adoption. *Adoptare*, veut dire choisir, et le mot de Galba : *Adoptio optimum quemque inveniet*, est profondément vrai. « L'adoption, répondait-il à Bigot-
» Préameneu et à Tronchet, ne sert-elle que la vanité ?
» Elle a des avantages plus réels, elle sert à préparer à
» l'adoptant, pour sa vieillesse un appui, et des consola-
» tions... Elle sert au commerçant, au manufacturier,
» privé d'enfants, à se créer un aide et un successeur...

» La faculté de disposer ne forme pas les mêmes liens
» pendant la vie du testateur ; après sa mort, elle ne
» transmet pas son nom. Cependant des motifs plus no-
» bles que la vanité, l'affection, l'estime, le sentiment,
» peuvent lui faire désirer de contracter cette alliance
» avec celui qu'il en a jugé digne. Elle intéresse la vieil-
» lesse à élever la jeunesse qu'en même temps elle en-
» courage ; elle prépare de bons citoyens à l'Etat ; elle est
» un besoin pour toutes les professions. On a parlé des
» regrets possibles du père adoptif ; ce repentir peut de-
» venir la suite de toutes les transactions humaines. On
» se repent d'une aliénation, d'une donation, d'un ma-
» riage. Du moins dans l'adoption reste-t-il une res-
» source au père dont l'affection a été trompée : c'est
» de réduire l'enfant adoptif à sa légitime. »

Nous n'avons naturellement qu'à garder le silence,
après avoir cité cette défense aussi éloquente de ce contrat.
Cependant nous ne pouvons nous empêcher de répondre à deux principales objections. L'adoption, disait
Tronchet, flatte l'imagination, la sensibilité et la vanité.
En supposant que ce grief soit fondé, rédige-t-on des
lois pour d'autres êtres que des hommes ? Il n'est pas
mal que les législateurs, appliquant le mot profond du
poëte, se souviennent parfois des faiblesses de l'humanité.

D'ailleurs, n'est-ce pas une satisfaction bien légitime
pour celui qui a joué un rôle honorable dans la société,
de se voir assuré qu'après sa mort son fils adoptif le continuera dignement, et justifiera la confiance qu'il lui a
inspirée ?

A un point de vue différent, mais qui est plus sacré
encore, au point de vue philanthropique, l'adoption
n'est-elle pas un moyen d'arracher à la misère des

enfants que leurs pères et mères ne peuvent élever, et qu'ils sont même parfois impuissants à nourrir !!! Mais, nous dit-on encore, la loi ne défend pas les donations. Sans doute, elle ne les encourage pas, elle ne va pas pour cela jusqu'à les prohiber. Et ce sera une ressource ouverte aux personnes charitables. « Il s'agit bien de donner de
» l'argent, disait le citoyen Gary, au Corps législatif, le
» 2 germinal an XI ; ce sont les soins, les affections,
» c'est le cœur, c'est soi-même enfin qu'il faut donner ;
» et voilà tout ce que donne le père adoptif. Il s'identifie
» en quelque sorte avec celui qu'il appelle son fils ; il
   attache sa gloire à la sienne, son bonheur à ses succès,
» il garantit à la société sa bonne conduite et sa vertu. »

Il est des services, d'ailleurs, que l'or ne saurait payer ; ils sont au-dessus de toute appréciation et de toute récompense. Une seule voie s'ouvre à celui qui veut acquitter sa dette : cette voie, c'est l'adoption ; il compense l'étendue des bienfaits qu'il a reçus, par l'étendue de sa reconnaissance.

Sans doute, à l'abri de la loi, il peut sur ce point, comme sur tant d'autres, se commettre de graves abus ; mais les avantages sont supérieurs aux inconvénients, et c'est surtout pour ne pas avoir suffisamment balancé les uns et les autres, que l'adoption a eu tout à la fois des partisans enthousiastes et des critiques exagérés.

IV. *Peuples chez lesquels elle existe aujourd'hui.* — Beaucoup de pays en Europe pratiquent cet usage : la Prusse, l'Autriche, la Bavière, le Danemark, la Suède, l'Italie, le grand-duché de Bade, sont les États où cette institution est autorisée par les lois. *

---

* Les personnes qui désireraient connaître quelques détails, n'ont qu'à consulter les codes étrangers de M. de St-Joseph.

Le code prussien s'est inspiré de la législation romaine, à l'époque de Justinien, et a servi de guide
au code Napoléon, que les autres nations ont ensuite
imité.

DEUXIÈME PARTIE.

DE L'ADOPTION EN DROIT ROMAIN. GÉNÉRALITÉS.

I. *Définition.* — L'adoption peut être définie, d'une manière générique :

Un acte solennel par lequel un citoyen acquiert la puissance paternelle sur une personne, comme si cette personne était issue de son mariage ou du mariage de son fils.

II. *Son but.* — Les justes noces, la légitimation ou l'adoption et plusieurs autres actes juridiques analogues, sont surtout considérés, en droit romain, comme les sources de cette *patria potestas* si célèbre. *Non solùm naturales liberi in potestate nostrâ sunt, verùm etiam quos adoptamus,* disent Gaïus et Justinien ; celui-ci se contente de reproduire le § 97 du jurisconsulte classique, dans son *Præmium* du titre XI, *De adoptionibus. Filios familias non solùm natura, verùm et adoptiones faciunt... Adoptio actus est quo in familiam adsciscitur et patriæ potestati subjicitur is qui extraneus est,* disent d'autres textes. Nous tenons à constater ce caractère saillant de l'adoption romaine : c'est qu'elle est une cause de la puissance paternelle ; ce côté original de cette institution trahit immédiatement les principaux effets qu'elle produit.

III. *Motifs de sa fréquence.* — Les ouvrages des historiens et des jurisconsultes font foi unanimement de la fréquence prodigieuse de cet acte solennel. Pendant des siècles elle fut une des causes puissantes de gloire et de bonheur pour la république.

Dans cet état, ce n'était pas seulement, comme dans tant d'autres pays, un moyen de consolation permis par la loi à ceux qui n'ont pas d'enfants, *in solatium eorum qui liberos non habent* (πρὸς τὴν παραμυθίαν παίδων), nous dit Vinnius. Par l'adoption, le citoyen romain, absorbé souvent par les affaires publiques, se préoccupant peu du mariage, conservait le nom glorieux de sa famille près de s'éteindre, et choisissait celui qui lui paraissait le plus digne de cet auguste héritage. La nature pouvait d'ailleurs lui avoir donné des enfants incapables de porter un pareil fardeau ; c'est une rude tâche de soutenir l'illustration d'un nom ; et la réflexion du choix réparait le malheur occasionné par le hasard de la naissance. Les nouveaux venus dans le sein de ces vieilles familles tenaient à bien mériter de cette confiance, et cette magnifique émulation tournait au profit de la république. Scipion l'Émilien n'a pas, aux yeux de la postérité, démérité de son aïeul adoptif l'Africain.

A l'importance des motifs politiques, joignons celle plus grave encore des intérêts religieux. La religion, dans tous les temps, chez tous les peuples, exerce une influence notable sur les institutions civiles. Quand les limites du pouvoir temporel et du pouvoir spirituel

(qu'on nous permette de nous servir de ces expressions
modernes, mais pouvant s'appliquer avec non moins
de justesse à des choses anciennes) ne sont pas nettement déterminées par les lois, ils sont assez disposés
tous les deux à empiéter sur le domaine de l'un et de
l'autre, surtout à l'origine des civilisations. La religion est
alors toute-puissante, et peut sortir de sa sphère, beaucoup plus respectable. Comme l'État, chaque *gens* avait
à Rome ses *sacra ;* chaque famille avait son culte : il
consistait principalement en sacrifices offerts à une divi-
nité quelconque. Tite-Live nous montre les Fabius allant
accomplir des *sacra* sur le mont Quirinal, en l'honneur
d'Hercule. L'infamie couvrait celui qui laissait s'éteindre les *sacra privata ; ritus familiæ patrumque servanto.*
Sacra privata perpetuò manento, disait la loi des Douze-
Tables. L'hommage rendu aux dieux de la *gens* ne devait
pas périr ; il fallait, sous peine de commettre un sacrilége,
perpétuer la famille par une adoption, quand on n'avait
pas d'enfant. Dans son opuscule sur l'adoption, le tribun Grenier dit très-élégamment « qu'à Rome, chaque
maison était un temple consacré aux dieux pénates et
que le père de famille en remplissait le sacerdoce. »

Mais, avec le temps et le progrès de l'instruction,
les vieilles croyances disparurent ; les augures ne pouvaient pas se regarder sans rire, et le peuple romain
finit par s'en apercevoir. Un scepticisme railleur détruisit
ces mythologies, et sur leurs ruines s'éleva le stoïcisme ;
on ne redouta plus, et même on provoqua quelquefois
cette interruption du culte du foyer.

Par l'adoption, les charges publiques devenaient acces-
sibles aux plébéiens ; l'aristocratie, à Rome, possédait de
nombreux priviléges, et la seule ressource offerte pour

effacer cette injustice, était l'adoption. Bien plus, la division des castes était si profonde à Rome, que le mariage était impossible entre les patriciens et les plébéiens, du moins à l'origine. *Quam enim aliam vim connubia promiscua habent, nisi ut ferarum, prope ritu vulgentur concubitus plebis patrumque ; ut qui natus sit ignoret cujus sanguinis, quorum sacrorum sit, dimidius patris, dimidius plebis, ne rerum quidem ipse concors..... et se (consules) millies morituros potiùs quàm ut tantùm dedecoris admitti patiantur.* C'est ainsi que s'exprimaient les consuls opposés aux lois proposées par Canuleius. Mais le tribun ne s'indignait-il pas aussi à juste titre, quand, flétrissant ces prétentions insolentes d'une fraction privilégiée, il s'adressait ainsi aux citoyens romains : *Quod privatorum consiliorum ubique semper fuit, ut in quamcumque feminæ conveniret domum, nuberet, id vos sub legis superbissimæ vincula conjicitis.* Par l'adoption, toutes ces barrières tombaient, le *connubium* était possible entre les deux classes, et les plébéiens pouvaient arriver aux premières magistratures.

Le parti populaire à Rome était, comme partout, le plus nombreux ; il devint insensiblement le plus fort. Quand il fut prédominant, des patriciens, soit par conviction, soit par ambition personnelle, ne crurent pas descendre en aspirant aux fonctions de tribun. Les Gracques sont les plus célèbres que nous ayons à citer, à titre d'exemple. Clodius ne dédaigna pas de devenir tribun du peuple, et l'adoption lui servit à dépouiller son titre primitif de patricien pour revêtir une nouvelle individualité, et se trouver capable, comme n'importe quel plébéien. La vivacité de la lutte entre les deux ordres amena la chute de l'aristocratie, qui fut aussi la chute de la république.

A la fin des guerres civiles, au commencement de l'empire, la diminution nombreuse des ingénus, l'éloignement pour le mariage et la dissolution des mœurs avaient nécessité de la part d'Auguste des remèdes énergiques et des lois rigoureuses. Les lois caducaires, rendues sous le fils adoptif de César, avaient établi des incapacités et des priviléges, que Juvénal mentionne et raille dans sa célèbre satire IX, au vers 65. Étaient caduques toutes les dispositions faites aux célibataires qui ne se mariaient pas dans les cent jours de l'ouverture du testament ; les citoyens mariés, mais qui n'avaient pas d'enfants, *orbi*, ne pouvaient recevoir que la moitié du legs à eux fait. Les parts caduques étaient attribuées aux autres héritiers institués ou aux légataires, *patres*, et, à leur défaut seulement, au fisc, *parens omnium* (Gaïus, com. II, § 206).

L'adoption fut un moyen, quoique trop transparent pour être légal, d'éluder les conséquences de *l'orbitas* ; car les lois Juliæ avaient eu uniquement en vue la procréation réelle des enfants : *Percrebueral ea tempestate*, nous dit Tacite (livre 15, n° 19), *pravissimus mos, quum propinquis comitiis, aut sorte provinciarum plerique orbi fictis adoptionibus adsciscerent filios, prœturasque et provincias inter patres sortiti, statim emitterent manu, quos adoptaverant. Magna cum invidia senatum adeunt, jus naturæ, labores educandi, adversùs fraudem et artes, et brevitatem adoptionis enumerant..... Sibi promissa legum diu expectata, in ludibrium verti, quandò quis sine sollicitudine parens, sine luctu orbus, longa patrum vota repentè adœquaret. Factum ex eo senatus consultum, ne simulata adoptio in ullâ parte muneris publici juvaret, ac ne usurpandis quidem hereditatibus prodesset.*

Nous ne pensons pas toutefois que cette interprétation

favorable (*benigna*) des lois caducaires ait été jusqu'à conférer le jus *vindicandi caduca* ; notons que, dans la première hypothèse, on cherche à se soustraire à l'application d'une disposition pénale; on peut alors invoquer l'absence d'un texte, que l'esprit de la loi supplée ou non à cette omission. Dans le second cas, au contraire, on réclame une prérogative attachée à la paternité naturelle ; de même, nous n'assimilerions pas l'enfant adoptif à l'enfant naturel, dans une foule de circonstances où l'existence d'un certain nombre d'enfants procure certains droits, l'exemption de la tutelle, et des autres charges publiques, la cité romaine, surtout s'il s'agissait d'une femme, à qui l'adoption n'était permise qu'exceptionnellement, *extrà ordinem* ; quant à elle, la concession de ces priviléges impliquait évidemment la maternité effective.

Aux diverses causes de la fréquence de l'adoption à Rome, ajoutons-en une des plus originales et des plus curieuses. L'adoption avait quelquefois pour but de modifier dans la famille les relations que la nature avait créées, en leur en substituant d'autres purement arbitraires.

Dans la loi I, § 1, Ulpien nous montre un *pater familias* qui émancipe son petit-fils, et l'adopte ensuite, en qualité de fils, ou même d'enfant de celui que la nature avait fait son oncle, *quasi ex altero natum*. Il pouvait également faire entrer ainsi sous sa puissance ceux qui n'y avaient jamais été soumis, par exemple, les enfants de sa fille.

IV. *Des diverses espèces d'adoptions.* — Nous savons qu'à Rome tout homme n'était pas une personne civile, et que toute personne ne jouissait pas du même degré de capacité. La qualité particulière qui déterminait la capacité civile, s'appelait état (*status* ou *caput*).

L'état de liberté, *status libertatis*, résidait dans la qualité d'homme libre: pour qu'un homme pût être considéré comme une personne, il devait être libre.

2° L'homme libre jouissait de la capacité reconnue par le droit naturel et par le droit des gens *(jus naturale ac gentium)*; mais, pour être investi de l'exercice des droits civils et politiques, il fallait être citoyen romain. Cette qualité constituait l'état de cité, *status civitatis*.

3° Enfin, pour avoir l'exercice des droits civils dans leur intégralité, il fallait être membre d'une *famille*. Considérées à ce point de vue, les personnes à Rome étaient divisées en deux grandes classes. Elles étaient *sui juris* ou *alieni juris*. Dans le premier cas, elles ne dépendaient que d'elles-mêmes ; elles avaient et acquéraient pour elles les droits civils, et tenaient ou pouvaient tenir sous leur puissance d'autres personnes. Dans le deuxième cas, elles étaient *alieni juris*, ou soumises à un *pater familias*.

Dans ces deux hypothèses, elles pouvaient tomber sous la *potestas* d'un adoptant.

Quand un *homo sui juris* abdiquait son état d'indépendance, et venait se mettre volontairement sous l'autorité d'un autre, ce changement de position était beaucoup plus grave qu'un simple changement de puissance paternelle. L'adoption d'un *homo sui juris* étant spécialement appelée adrogation, on réservait le nom d'adoption proprement dite à l'acte par lequel une personne soumise à un *pater familias* antérieurement, passait sous la puissance d'un autre chef de famille.

Adoptionis nomen est quidem generale, in duas autem species dividitur, quarum altera Adoptio similiter dicitur, altera Adrogatio. Adoptantur filii familias, Adrogantur qui sui juris sunt. (Modestin, loi I, § I, tit. *De adoptio-nibus.*).

DIVISION. — Ces deux institutions ont donc beaucoup de points de contacts, et beaucoup de différences. Pour mettre mieux en relief les uns et les autres, nous divi-serons ainsi notre sujet :

Dans un premier titre, nous examinerons les règles communes à l'adoption et à l'adrogation ; dans le deu-xième, les règles particulières à l'adoption ; dans le troisième, les principes particuliers à l'adrogation.

TITRE PREMIER.

RÈGLES COMMUNES A L'ADOPTION ET A L'ADROGATION.

—

CHAPITRE Iᵉʳ.

DE LEURS CONDITIONS INTRINSÈQUES.

Nous posons d'abord le principe que l'adoption, à Rome, imite la nature, et qu'elle est une image à peu près complète de la paternité naturelle. *Adoptio in his personis locum habet, in quibus etiam natura potest habere.* (Javolenus, loi 16, livre I, titre 7, *Digeste*.)

De cette règle préliminaire découlent les conséquences suivantes :

1° L'adoptant doit être chef de famille, et forcément citoyen romain, affranchi ou ingénu. L'esclave, frappé d'une incapacité générale, n'aurait pu agir. Il en est de même du fou : *furiosus nullum negotium rectè gerit, quia non intelligit quid agit.* Mais il recouvre sa capacité dans les intervalles lucides.

2° L'adopté doit être *pater familias* ou *filius familias;* il doit être également citoyen romain. Cette institution exclusivement civile ne pouvait avoir lieu entre pérégrins ; on sait combien le peuple romain était tout à la fois fier et peu prodigue du titre de *civis romanus.*

3° Les eunuques ne peuvent adopter; le législateur, sûr qu'ils ne seront pas pères naturels, leur refuse les bienfaits de la paternité fictive.

Il n'en est pas de même de ceux qui sont simplement frappés d'impuissance, des *frigidi* ou *spadones. Illud verò utriusque adoptionis commune est, quod et hi qui generare non possunt, quales sunt spadones, adoptare possunt* (Gaïus, com. I, § 103). *Castrati autem non possunt* (9, Institutes de Justinien). Les *spadones* peuvent avoir leurs organes atteints d'une imperfection momentanée ou seulement apparente. Le même doute ne couvre pas la position des eunuques, et de là leur incapacité. Ils ne peuvent compter sur les caprices de la nature, et le vice de leur conformation peut être facilement prouvé. Cette distinction se retrouve au Digeste, dans la loi 39, § I, *De jure dotium,* pour le mariage, et répugne moins au caractère de ce contrat, dont le but principal est la reproduction de l'espèce humaine, tandis qu'un des objets principaux de l'adoption consiste à consoler par l'image de la paternité ceux qui ne peuvent jouir des bienfaits de la paternité naturelle.

4° L'adoptant doit être plus âgé que l'adopté. Cette condition n'était pas exigée à l'origine. Ce point était vivement discuté à l'époque de Cicéron. Clodius, aspirant au tribunat, se fit adopter par Fontéius, plébéien plus jeune que lui. *Quid est horum in istà adoptione quæsitum ?* s'écrie l'orateur (Cic., *pro domo,* 13, § 23). *Scilicet adoptat viginti natus, etiam minor senatorem. Libero-rumve causâ ?* At *procreare potest, habet uxorem, susce-pit etiam liberos.* L'éloquence de Cicéron fut stérile, l'adoption fut maintenue, et Gaïus, à la pénétration de qui cette question n'échappe pas, la pose.... sans la ré-soudre. *Illa quæstio, an minor natu majorem natu adop-tare possit, utriusque adoptionis est* (Gaïus, com. I, § 106). Modestin, au contraire, établit clairement la règle dans la loi 40 (*hoc titulo*) : *Non tantùm cùm quis adoptat sed et cùm adrogat, major esse debet eo quem sibi per adop-tionem filium facit; et utique plenæ pubertatis, id est, decem et octo annis, eum præcedere debet.* Ulpien avait dit également, loi 15 : *Item non debet quis plures adrogare, nisi ex justâ causâ; sed nec libertum alienum, nec ma-jorem minor.*

Justinien exige cette condition dans son § 4 des Ins-titutes. Il serait monstrueux, dit-il, qu'un fils fût plus âgé que son père : *Et pro monstro est ut major sit filius quam pater. Debet itaquè is qui sibi filium per adoptionem vel adrogationem facit, plenâ pubertate, id est, decem et octo annis, præcedere.*

En employant ces mots de *plena pubertas*, les juris-consultes font probablement allusion aux discussions qui s'étaient élevées entre les Proculéiens et les Sabiniens sur la fixation de l'âge de la puberté. Les uns, usant d'une présomption générale, le déterminaient d'une ma-nière uniforme à quatorze ans pour les hommes, à douze ans pour les femmes. Les autres ne voulaient se décider qu'après un examen individuel, *ex habitu corporis.* Mais la nécessité fit admettre, en faveur des impuissants qui ne deviennent jamais pubères, la disposition suivante, relative à une question de capacité plus grave, à la capacité de tester : *Spadones eo tempore testamentum facere possunt quò plerique pubescunt, id est, anno decimo octavo.* Ainsi, en ce qui concerne les impuissants, on choisissait, comme époque de leur puberté, celle qui se trouvait la plus reculée chez les individus tardifs. Les mots *plena pubertas* désignent ce retard de la puberté ; et le législateur, au lieu de se contenter de la différence de quinze ans, entre l'adoptant et l'adopté, a exigé celle de dix-huit ans. [*] On a pensé sans doute qu'il était rare de se trouver père naturel avant cet âge.

On peut aussi adopter quelqu'un comme petit-fils, ou arrière-petit-fils, ou petite-fille, ou arrière-petite-fille, et ainsi de suite, quand même on n'aurait pas de fils (§ 5, Instit.).

Si l'on est adopté au premier degré, on est alors le frère de tous les enfants de l'adoptant ; dans le cas contraire, on est le fils de l'un d'eux, le neveu des autres. Bien plus, contrairement au principe que nous avons formulé ci-dessus, à savoir que l'adoption imite la nature, on peut adopter quelqu'un comme petit-fils, bien qu'on n'ait pas de fils, et, par conséquent, bien qu'on n'ait jamais été marié. Le motif de cette dérogation est qu'à l'âge où cette adoption est autorisée, on peut être aïeul, d'après les règles concernant la puberté. On peut en effet être père à dix-huit ans, et avoir des petits-enfants à trente-six ans. Le brocard, *adoptio naturam imitatur*, avait d'ailleurs été atteint par la faculté reconnue aux célibataires, qui pourtant ne pouvaient avoir des enfants légitimes. L'union si fréquente à Rome, et même

---

[*] Cet âge de dix-huit ans, révolus seulement et non pas simplement commencés, a été accepté par le législateur français dans l'art. 144. « L'homme, dit cet article, avant dix-huit ans révolus ne peut contracter mariage. »

peu déshonorante du concubinat, n'avait pas les mêmes
effets que l'union du mariage (Ulpien, 8, fr. 6).

On peut adopter le fils d'autrui comme petit-fils, ou le
petit-fils d'autrui comme fils, car, comme dit fort juste-
ment Théophile, on n'est pas obligé de conserver auprès
du père adoptif le même degré où l'on se trouve vis-à-
vis du père naturel.

Quand on adopte comme petit-fils, on peut assigner
comme père à l'adopté un fils que l'on a ; mais notons
qu'il faut observer la condition de la différence d'âge.
Notons encore qu'il faut le consentement de ce fils ; je
ne puis, en effet, attribuer un enfant à celui que j'ai
sous ma puissance sans sa participation à l'acte, *ne ei
invito suus hœres adgnascatur.* Si ce consentement est
donné, l'adopté ne sera pas l'héritier sien du chef de famille, *quippe post mortem avi quasi in patris sui recidit
potestatem.*

Que si je me passe du concours de mon fils, l'adoption
sera valide à tous les points de vue, sauf qu'à ma mort
il ne l'aura pas sous sa puissance. *Si is qui filium haberet,
in nepotis locum adoptásset, perinde atque si ex eo filius
natus esset, et is filius auctor factus non esset, mortuo avo,
non esse nepotem in potestate filii.* Toutefois ne pourrait-
on dire qu'il est inutile de demander le consentement
de ce fils, à cause du pouvoir absolu du *pater familias ?*
Certainement non ; et c'est précisément par suite d'un
profond respect pour la personne paternelle, qu'il faut
se décider ; les effets de l'adoption subsistent après le
décès de l'adoptant, et le fils, dont on aurait négligé le
concours à l'adoption, devenant à son tour *pater familias,* aurait un héritier sien, qui lui eût été imposé ; il
pourrait recourir à l'émancipation, mais il pourrait dé-

céder aussi avant d'y avoir procédé. Je ne peux m'empêcher d'exprimer mon admiration, en voyant, par ces
exemples, combien les jurisconsultes romains sondaient
les plus intimes profondeurs des hypothèses juridiques.

A l'inverse, un *pater familias* n'a pas besoin du consentement de son fils, s'il veut donner en adoption à un
autre le petit-fils issu de lui, car ce dernier est soumis
à la puissance de l'aïeul, comme le père lui-même.

L'unité de la famille romaine est mise singulièrement
en relief dans cette matière.

Si l'on veut adopter quelqu'un comme petit-fils, on
peut le considérer comme enfant, *ex incerto*, sans lui
assigner un père parmi les enfants soumis à la puissance;
il est alors comme issu d'un fils prédécédé.

Enfin, comme on est père ou non, indépendamment
de toute modalité, on ne peut adopter quelqu'un pour
un certain temps, ou jusques à un certain temps, sous
une condition suspensive ou résolutoire. Mais remarquons que l'adoptant a le droit d'émanciper l'adopté; il
est dépourvu seulement de la faculté d'adopter de nouveau. C'est une application de la règle que cette institution est insusceptible de modalité. C'est à l'adoptant de
réfléchir avant de prendre une résolution définitive; du
reste, la loi romaine ne pouvait l'autoriser à se jouer
ainsi des actes qu'elle autorisait.

On nous fait pourtant une objection, et l'on nous dit :
Pourquoi un père naturel peut-il adopter son enfant après
l'avoir émancipé. C'est que le législateur romain a sup-
posé que le père naturel userait plus difficilement de
l'émancipation, et que si par hasard il s'y laissait aller,
ce ne pourrait être que par nécessité. Dès lors la loi romaine s'est montrée moins sévère pour le père naturel ;

elle a tenu compte ici des liens du sang ; la nature a beau
être méconnue par les principes du droit dans n'importe
quelle législation, elle reparaît toujours dans quelque
disposition.

Nous avons parcouru toutes les conditions résultant
de la règle : *adoptio naturam imitatur* ; il nous reste à
passer en revue les conséquences de cette autre règle
subsidiaire, à savoir que l'adoption a pour effet de produire la puissance paternelle.

Dès lors ne pourront adopter, en droit pur :

1re Conséquence. Les femmes, qui n'ont pas cette autorité sur leurs enfants : *Fœminæ verò nullo modo adoptare possunt, quia ne quidem naturales liberos in potestate
habent* (Gaïus, I, com. 104). — Ulpien (§ 9, tit. 8,
Regulis) se sert à peu près des mêmes expressions.
Quand des droits de succession furent établis entre la
mère et ses enfants, la qualité de mère eut alors une
valeur juridique indépendante de cette *patria potestas*,
antérieurement base de tous les droits. Le droit civil
une fois battu en brèche, la nature fut également prise
en considération relativement à l'adoption.

En l'an 291, sous les empereurs Dioclétien et Maximien,
un rescrit autorisa une femme à adopter son *privignus*
(le fils d'un premier lit de son mari). *Mulierem quidem,
quæ nec suos filios habet in potestate arrogare non posse
certum est. Verùm quoniam in solatium amissorum tuo-
rum filiorum, privignum tuum cupis vicem legitimæ
sobolis obtinere : annuimus votis tuis, secundum ea quæ
annotavimus ; et eum perindè atque ex te progenitum, ac
vicem naturalis legitimique filii habere permittimus.*
Et Justinien, généralisant cette espèce, dit au § 10 des
Inst. : *Fœminæ ex indulgentiâ principis, ad solatium amis-*

sorum liberorum, adoptare possunt. Léon va plus loin : il confère cette faculté aux femmes mariées ou non, qu'elles aient ou non perdu leurs enfants, et ne les oblige pas à invoquer l'*indulgence* de l'empereur. Il donne cette même capacité aux eunuques.

2ᵉ CONSÉQUENCE. Du principe que l'adoption est un moyen d'acquérir la puissance paternelle, il suit encore qu'on ne peut adopter quelqu'un à titre de frère. *Nec apud peregrinos fratrem sibi quisquam per adoptionem facere poterat. Cum igitur, quod patrem tuum voluis te facere dicis, irritum fit, portionem hereditatis, quam is, adversùs quem supplicas, velut adoptatus frater institutus tenet, restitui tibi præses provinciæ curæ habebit* (rescrit de Dioclétien à Pison), loi 7, code livre 6, titre 24. Mais cette prohibition n'a trait en rien aux règles que nous avons exposées sur l'adoption, que nous dénommerons *l'adoption à deux ou trois degrés*, et qui consiste dans le fait d'adopter quelqu'un à titre de petit-fils ou d'arrière-petit-fils.

Enfin l'adoption n'était pas facilement permise à ceux qui avaient des enfants : *Prætereà videndum est an non debeat permitti ei qui vel unum habebit, vel plures liberos, adoptare alium ; ne aut illorum quos justis nuptiis procreavit, diminuatur spes, quam unusquisque liberorum obsequio parat aut qui adoptatus fuit, minùs percipiat quam dignum erit eum consequi.* (§ 3, fragm¹ 17, h. t.)

C'est dans ce texte que se trouve la source de la disposition du code Napoléon qui prohibe l'adoption à ceux qui ont des enfants légitimes (art. 344).

C'est à ce texte qu'il faut également rattacher le § 3, f. 15, h. t., qui est ainsi conçu : *Item non debet quis plures adrogare nisi ex justà causa.*

Enfin l'adoption ne doit pas préjudicier à l'adopté : *Interdùm et ditiorem permittetur adoptare pauperiori, si vitæ ejus sobrietas clara sit, vel affectio honesta, nec incognita.*

Neque absens neque dissentiens adrogare potest, l'absent et celui qui refuse son consentement ne peuvent être adoptés. Un aveugle peut tout à la fois adopter et être adopté.

Pour terminer, nous dirons que la représentation *per extraneam personam* était impossible en cette matière. *Neque adoptare neque adrogare quis absens, nec per alium ejusmodi solennitatem peragere potest.*

Un enfant naturel, c'est-à-dire issu du concubinat, peut-il être adopté ou adrogé par son père ? La question peut se présenter pour l'adoption, si l'enfant a été dans l'origine soumis par l'adrogation à un *pater familias* ; dans ce cas-là peut-il être adopté par son père naturel ? Le plus souvent il sera *sui juris*, et l'on se demandera s'il peut être adrogé. Aucun texte du Digeste ne le défend. L'empereur Anastase alla jusqu'à permettre expressément cette adoption et l'érige en mode de légitimation (code, loi 6, *De nat^us liberis*). Cette législation dura peu, car Justin, s'effarouchant de la facilité des mœurs de son prédécesseur, abroge cette constitution et nous dit : *Sciant onnes legitimis matrimoniis legitimam posteritatem quœrendam.* Justinien, dans l'intérêt du mariage, et pour diminuer le nombre des naissances illégitimes, confirma la prohibition (Novelle, 74, chap. 3).

Un esclave pouvait-il être adopté ? Cette question est des plus controversées entre les commentateurs modernes. Ils sont tous d'accord pour reconnaître que, sous Justinien, aucun doute n'est possible, à cause de la déclaration nette des Instituts, et que l'adoption ne vaut alors que comme affranchissement, *licet hoc ad jus filii accipiendum ei non sufficiat*. Cette solution doit-elle être admise pour l'époque antéjustinienne ? Nous ne le pensons pas. Aulu-Gelle, livre 5, chapitre 19, nous dit : *Alioquin si juris ista antiquitas servetur, etiam servus à domino per prætorem dari in adoptionem potest*. Si l'esclave n'était pas incapable d'être adopté par un étranger, pourquoi n'eût-il pas pu l'être par son maître ? Le même écrivain ajoute que Sabinus est de cet avis, *idque ait plerosque juris veteris auctores posse fieri scripsisse*. Le mot *plerosque*, et l'opinion attribuée à Caton par Justinien, nous prouvent qu'à Rome on devait discuter sur ce point. Il ne serait pas impossible cependant que les Instituts se fussent mépris sur la véritable pensée de Caton. Les termes mêmes dans lesquels elle est reproduite, comportent une explication tout autre que celle donnée par Justinien, et non moins raisonnable. Caton ne disait pas qu'il restreignait à l'affranchissement les effets de l'adoption de l'esclave, peut-on soutenir avec raison, il constatait simplement que l'acquisition de la liberté par l'esclave était la conséquence immédiate de la qualité nouvelle conférée par l'adoption, et qu'il devenait en même temps libre et fils de famille. L'intérêt de cette controverse était peu appréciable, car rien n'empêchait le maître d'affranchir son esclave, et de l'adroger ensuite.

CHAPITRE II.

DE LEURS CONDITIONS DE FORMES.

Ces deux espèces d'adoption n'ont qu'un seul point de contact, en ce qui regarde les conditions extrinsèques. Les parties ne peuvent conclure l'adoption par leur seule volonté ; elle a besoin, pour sa perfection, d'être sanctionnée par l'autorité du souverain ou du magistrat.

Nous ne pouvons nous empêcher d'indiquer le motif de ces formalités : « L'adoption, comme la manumission,
» comme le testament, était un acte public lié essenciel-
» lement à l'ordre politique. Par la manumission, on
» donnait à la cité un nouveau membre ; par l'adoption,
» un de ses chefs de famille peut-être était absorbé et
» transporté dans une autre famille ; par le testament,
» un homme était désigné, dans la cité, pour prendre
» la place du mort, pour continuer juridiquement sa
» personne. Or, les constitutions aristocratiques et pa-
» triciennes, telles que celles de Rome, ne permettent
» pas facilement cette altération des familles ; ces mem-
» bres nouveaux donnés, enlevés à l'association ou mo-
» difiés dans leur situation ; il faut que l'association y
» consente, ou tout au moins qu'elle y concoure. »[*]

---

[*] M. Ortolan, page 217, premier volume, ancienne édition.

CHAPITRE III.

DE LEURS EFFETS COMMUNS,

Les résultats de l'adoption et de l'adrogation sont fort remarquables; nous avons effectivement à considérer leurs effets à trois points de vue différents et essentiels.

Nous les examinerons : dans une première section, sous le rapport religieux ; dans une deuxième, sous le rapport du droit public ; et dans une autre, sous le rapport du droit privé.

SECTION I.

Sous le rapport religieux.

Nous avons vu dans nos préliminaires l'influence des idées religieuses à l'origine des sociétés; nous avons vu avec quel dévouement, avec quel scrupule les *sacra* étaient observés dans les premiers temps de Rome ; les historiens nous montrent les chefs des plus célèbres familles, les Fabius, accomplissant leurs devoirs religieux au péril de leurs jours.

Chose fort grave, à l'origine principalement, l'adopté, sortant complétement de sa famille naturelle, n'a plus à honorer ses dieux pénates, et n'est plus tenu d'observer les *sacra* ; mais, à l'inverse, les dieux pénates et les choses sacrées de la famille adoptive deviennent communs. Même à l'époque des Lucrèce et des Cicéron, qui ne peuvent être regardés pour des polythéistes fervents,

ce résultat était pris en considération ; l'orateur romain
ne ménage pas les invectives contre Clodius qui laisse
dépérir le culte de ses ancêtres. *Quid ? Sacra Clodiæ
gentis cur intereunt quod in te est ?* (Cicéron, *pro domo*,
13, § 34).

SECTION II.

Sous le rapport du droit public.

Dans le principe, nous avons à remarquer la même
simplicité, la même logique inflexible. Un fils est du
pays de son père ; le sort de l'adopté sera tellement lié
à celui de l'adoptant, qu'il suivra sa nationalité.

Ce qui prouve notre proposition, ce sont les mesures
sévères prises contre les fraudes qui eurent lieu. A l'abri
du droit on commit des abus : on se donnait en adoption
pour se soustraire aux charges de la patrie d'origine. La
loi 7 au code, confirmée par les lois 15, 17, § 9, *Digesti*,
Ad muneris, est ainsi conçue : *In adoptionem quidem alie-
næ civitatis civi rectè dato additur, non mutatur patria ;
ac proptereà jus originis in honorum ac munerum obsequio
per adoptionem non minui perspicis.*

L'adoption, ainsi que nous l'avons déjà vu, rend plébéien le patricien adopté par un plébéien, et réciproquement. Nous avons cité à ce propos l'exemple de Clodius.
Nous rappellerons également avec Pothier (Pandectes
Instit., n° 27) que le plébéien Cornelius, après être
passé par l'adoption dans la famille Cornelia, fut *tribu-
nus militum consulari potestate*, charge à laquelle les
plébéiens ne furent aptes que l'année suivante, en 369
de Rome.

Mais l'adoption n'altère en rien la position honorifique de l'adopté. *Per adoptionem dignitas non minuitur, sed augetur.* (Digeste, loi 35, *h. t.*, confirmée par le fragm¹ ainsi conçu : *Filius familias in publicis causis, loco petris familias habetur, veluti si magistratum gerat. Nam quod ad jus publicum attinet, non sequitur jus potestatis.*

Bien plus, la *dignitas* de l'enfant adopté peut se trouver augmentée. Elle s'accroît, en effet, de tout ce que la condition honorifique du père adoptif confère d'honorabilité et de prérogatives aux propres fils de celui-ci. L'adoptant est-il patrice, sénateur ou décurion ? L'adopté acquiert les prérogatives de fils de patrice, de sénateur ou de décurion.

SECTION III.

Sous le rapport du droit privé.

Nous avons à nous occuper plus spécialement de ce troisième rapport, sous lequel on doit examiner les effets communs de l'adoption et de l'adrogation. La division de cette partie, la plus importante de notre opuscule, est des plus simples ; elle se trouve dictée par les faits eux-mêmes. L'adopté sort d'abord de sa famille naturelle ; nous devons, par cela même, commencer par exposer les relations nouvelles dans lesquelles il se trouve à son encontre ; l'adopté entre ensuite dans la famille adoptive ; nous devons indiquer, en deuxième lieu, la position qui lui est faite à l'égard de cette dernière.

§ Ier. — Des effets de l'adoption, quant à l'adopté, à l'égard de sa famille naturelle.

Nous pensons sans hésiter, et contrairement à l'opinion de M. Savigny, que, dans tous les cas, l'adopté et l'adrogé encourent la *minima capitis deminutio*. Voyons les arguments émis avec une vigueur plus qu'ordinaire par cet éminent jurisconsulte. Il nous dit d'abord : à Rome, il y a trois restrictions de la capacité correspondant aux trois états de liberté, de cité et de famille. Il peut invoquer à cet égard le texte suivant de Paul, loi 11, *De capite munitis*, I, V (5). *Capitis deminutionis tria genera sunt : maxima, media, minima, tria enim sunt quæ habemus, libertatem, civitatem, familiam.* La première diminution de la capacité résulte de l'esclavage, la deuxième de la pérégrinité. La troisième doit donc dériver non pas seulement d'un simple changement de famille, ainsi qu'il en est lorsqu'un fils de famille est donné en adoption, du moins lorsque les formes de la mancipation eurent disparu, mais de la perte de l'indépendance, comme dans le cas de l'arrogation, ou d'une aggravation dans cet assujettissement, comme dans la mancipation d'un fils de famille.

Ainsi donc, la *minima capitis diminutio* doit supposer les deux idées que l'on remarque dans la *maxima* et la *media* « l'une d'un changement dans l'état de la *personne*, » l'autre d'un préjudice résultant de ce *changement*, » d'une dégradation. »

On se fonde encore sur un passage d'Aulu-Gelle, qui nous apprend que les vestales sortaient de la puissance paternelle, par cela seul qu'elles renonçaient au mariage, et s'engageaient à entretenir le feu sacré ; que l'agnation était détruite entre elles et leur famille, le tout sans *capitis deminutio*. Donc, ajoute l'auteur allemand, le simple changement de famille n'entraîne pas nécessairement la *capitis deminutio*. Malgré ces raisons spécieuses, dont la dernière surtout est tirée d'une matière trop exceptionnelle pour servir de base à un système, les textes que l'on invoque dans la deuxième opinion nous paraissent trop formels, pour accueillir une théorie ingénieuse, mais après tout hypothétique et conjecturale.

Nous pensons que la *minima capitis deminutio* résulte du simple changement de famille. Nous invoquons en premier lieu les lois 3, 7 et 11 de Paul, *Dig.*, *De cap. dim.*, dont la dernière s'exprime ainsi, *in fine* : *Cùm et libertas et civitas retinetur, familia tantùm mutatur, minimam esse capitis deminutionem constat.*

2° Nous invoquons en outre le § 3 des Inst. de Justinien, titre 16, d'où il résulte qu'en admettant que, dans la période classique, des difficultés et des controverses se soient présentées sur ce point, il ne saurait être douteux à partir de Justinien, puisqu'il attache expressément la *capitis deminutio* à l'émancipation, qui ne se fait plus à cette époque *per imaginarias venditiones*, mais *fictione pristinâ explosâ*, § 6, tit. XII, par une simple déclaration de volonté. *Veluti*, dit-il dans le paragraphe cité ci-dessus, *si filius familias à patre emancipatus fuerit, est capite minutus*. Que dans l'origine la *minima capitis deminutio* résultât de ce *mancipium* éphémère, cela est fort probable ; mais conclure de là que tout changement de famille, pour lequel cette vente n'est pas indispensable, n'affecte pas la position juridique d'un individu, c'est une hardiesse qui dépasse le pouvoir de l'interprète ; l'historien, recherchant les causes des institutions, ne doit pas effacer le jurisconsulte.

Notre conclusion est donc bien simple : avec les textes, et sans songer à les rectifier, sous le prétexte que l'origine historique de la *minima capitis deminutio* a été méconnue, nous pensons qu'à l'époque de Justinien, l'adoption, qui ne se réalise plus au moyen de ces mancipations, produit ce changement d'état. Nous pensons encore que les enfants de l'adrogé, tombant, ainsi que nous le verrons plus tard, sous la puissance de l'adrogeant, éprouvent ce changement, qui n'altère en rien leur capacité, puisque, fils de famille antérieurement, ils continuent à rester fils de famille.

Nous allons exposer rapidement les principaux effets de cette diminution de tête.

1° Au point de vue des droits de famille, elle détruit l'adgnation, et dès lors les droits de tutelle et d'hérédité attachés à cette parenté civile (§ 158, Gaïus) : *Sed agnationis quidem jus capitis deminutione perimitur, cognationis verò jus non commutatur, quia civilis ratio civilia quidem jura corrumpere potest, naturalia verò non potest.* La cognation reste intacte, non pas, en ce sens que les liens du sang ne subsistent plus, car le droit ne peut supprimer un fait, et ne peut faire disparaître la parenté naturelle, mais en ce sens que les bénéfices juridiques, conséquences de cette cognation, continuent de subsister, ainsi la vocation à la succession. D'ailleurs, sous Justinien la perte de l'agnation n'a plus d'importance réelle.

La gentilité ne survivait pas à ce changement d'état : *Gentiles sunt qui..... capite non sunt deminuti* (Cicéron et Festus). Enfin, le patronage et les droits qui en résultent, *obsequium, operæ, bona,* étaient également détruits, en principe, par la *capitis deminutio* encourue par le patron ou l'affranchi.

2° Au point de vue du *droit* des choses, la propriété ne finit point par la *minima capitis deminutio*. Comment l'adrogeant deviendrait-il propriétaire des biens de l'adrogé, si ce dernier, frappé d'incapacité, ne pouvait les lui transmettre? Comment le fils émancipé pourrait-il garder son *castrense peculium*, après avoir été libéré de l'autorité paternelle? Quant aux droits d'usufruit et d'usage, jusques à Justinien, il s'éteignaient par la *minima capitis deminutio*.

3° Au point de vue du *droit* des obligations, les créances subsistent en principe. Gaïus, com. 3, § 83, nous fait toutefois connaître trois exceptions relatives 1° à l'*obligatio operarum*; 2° à la nouvelle créance résultant de la *litis contestatio*, quand l'adrogé avait, avant son adrogation, introduit une demande par un *legitimum judicium*; 3° à l'*adstipulatio* faite par un fils de famille. Pour ces diverses créances, le *capite deminutus* n'est plus le même individu, et n'a plus qualité.

Quant aux obligations du *capite deminutus*, en principe elles étaient éteintes par cet événement, sauf 1° les dettes résultant d'un délit: *Nemo delictis exuitur* (D., loi 2, § 3); 2° les dettes résultant d'un dépôt, lorsque le débiteur, après cette déchéance, est encore détenteur de la chose, loi 21, *Dig.*, pr. *depos.*; 3° les dettes provenant d'une hérédité recueillie avant cette mutation.

Toutes autres dettes sont abolies, mais seulement comme obligations civiles; elles subsistent comme obligations naturelles (*Digest.*, loi 2, § 2, *De capite minutis*). Mais le préteur accorda une action utile, *rescissâ capitis deminutione, in quâ fingitur capite deminutus, deminutare non esse.*

Enfin, tout contrat *consensu*, qui repose sur la confiance mutuelle des parties, abstraction faite de son individualité juridique, est maintenu. Cette *nova persona* ne cesse pas, par exemple, en matière de mandat ou de société, d'être douée des mêmes qualités qui ont déterminé le contrat.

Après cette courte digression, qu'il était indispensable de faire pour embrasser le sujet dans son ensemble, nous allons traiter plus particulièrement des effets de l'adoption, en ce qui concerne la position de l'adopté à l'encontre de sa famille naturelle, considérée surtout sous le rapport du droit de la famille. Tout ce que nous dirons des relations de l'adopté, vis-à-vis de son père naturel, se référera à l'adrogé qui, étant *sui juris* avant l'adrogation, n'était plus soumis à une *patria potestas*, mais qui, par son introduction dans une autre famille, a pu se trouver dans une situation juridique nouvelle; nous faisons allusion sur ce point aux droits de succession, ainsi que nous ne le verrons bientôt. Naturellement, ces effets se présenteront beaucoup plus souvent pour le cas d'adoption proprement dite que pour celui de l'adrogation.

Et d'abord, l'adopté, en sortant de sa famille naturelle, ne conserve plus à son égard que les rapports *naturels*. Cette proposition a pour corollaire obligé la suivante : Les liens du sang étant permanents, les prohibitions du mariage résultant de la parenté à certains degrés, ne reçoivent aucune atteinte, quand la parenté est naturelle. A l'inverse, si le lien qui unit ces personnes n'est que civil, et se trouve produit par l'agnation, la prohibition du mariage cesse avec la cause, cesse avec l'agnation, à moins que des raisons de haute convenance ne s'opposent à cette union. Ainsi en est-il des cas où les rapports d'ascendant et de descendant n'étant dus qu'au fait purement civil de l'adoption, l'empêchement au mariage continue de subsister, après la dissolution de cette parenté factice (Inst[r], § 1, *De nuptiis*).

Nous déciderons de même pour l'espèce suivante : l'adopté, avant de sortir de sa famille naturelle, a consenti lui-même à l'adoption d'un étranger comme son fils ou sa fille, *quasi ex ipso natus*; la parenté en ligne directe a existé entre eux ; les mêmes convenances doivent faire maintenir les mêmes prohibitions.

Mais le frère et la sœur, qui ne sont liés entre eux que par l'adgnation résultant de l'adoption, pourraient très-valablement s'épouser, une fois ce lien rompu par l'émancipation de l'un ou de l'autre, et de sa sortie de cette famille adoptive.

C'est encore en considération des liens du sang que l'adoption laisse subsister :

1° L'obligation réciproque aux aliments ;

2° La faculté pour le père naturel de se faire excuser de la tutelle, car le législateur, qui permet d'invoquer comme moyen un nombre déterminé d'enfants, déclare lui-même qu'il n'examine pas s'ils sont ou non sous la puissance du père naturel, *sive in potestate sunt, sive emancipati, in adoptionem autem dati naturali patri possunt ;*

3° L'incapacité d'être témoin ;

4° Le bénéfice de compétence ;

5° La défense d'appeler en justice sans la permission du préteur.

Nous arrivons à présent à l'examen des modifications les plus profondes de la situation de l'adopté dans sa famille naturelle, nous voulons dire des droits successifs

que l'adopté perd ou conserve, suivant les diverses circonstances. Nous allons d'abord passer en revue les différentes hypothèses qui se présentent dans le cas où
l'ascendant naturel fait un testament. Nous les exposons
en premier lieu, à cause de l'importance que les Romains
attachaient au fait de ne pas mourir intestats. Tout le
monde connaît la liberté illimitée laissée au père de
famille par la première disposition de la *tabula quinta*,
ainsi conçue : *Uti legassit super pecunia tutelave sui rei,
ita jus esto.*

La *disputatio fori*, par une interprétation plus appro-
priée aux mœurs, ébranla peu à peu ce monument législatif ; et ce pouvoir absolu, conféré au *pater familias*, fut
dans la suite singulièrement restreint par la jurisprudence des prudents. Pour protéger les enfants, elle exigea,
pour la validité des testaments, la condition que le testateur instituât ou exhérédât, suivant des formes plus ou
moins variées, les héritiers siens présents et même futurs.
Le patrimoine, disait-on, est commun au père et aux
enfants ; il est indivis entre eux ; de cette idée on dédui-
sait pour le testateur la nécessité d'enlever cette portion
indivise à ses enfants, s'il ne voulait pas qu'à sa mort elle
restât entre leurs mains. Plus tard, en s'inspirant toujours
de ce même point de départ, on alla plus loin ; et, comme
corollaire logique de cette première idée, on accorda
aux enfants la *querela inofficiosi testamenti.*

Cette garantie plus efficace ne protégeait pas seulement
contre l'omission et l'oubli du père de famille, mais
contre l'impiété de celui qui osait déshériter ses enfants
par une clause expresse. Par héritiers siens, on désignait
ceux qui se trouvaient sous la puissance immédiate du
testateur, au moment de la mort du *de cujus*. La prétéri-

tion de ceux-là seuls donnait lieu à la rupture du testament. L'institution ou l'exhérédation des émancipés n'était pas obligatoire, en droit civil. Mais le droit prétorien, *corrigendo jus civile*, supprima cet effet de la *minima capitis deminutio*, et accordait à ceux qui l'avaient encourue la possession de biens dite *contra tabulas*. En était-il sur ce point de l'adoption comme de l'émancipation? Cela dépendait d'une distinction, équitable à première vue. Si l'enfant reste dans la famille adoptive jusqu'au décès de son père naturel, comme il ne peut appartenir à deux familles, et que les droits par lui perdus dans l'une lui sont conférés dans l'autre, le préteur le laisse sous l'empire du droit civil.

Est-il, à l'inverse, sorti par l'émancipation de sa famille adoptive, le préteur suppose alors qu'il a été émancipé par le père naturel, et lui concède les mêmes droits qu'aux émancipés de ce dernier. Mais il est facile de saisir le point défectueux de cette législation. Si par malheur la sortie de la famille adoptive, par l'émancipation, avait lieu postérieurement au décès de l'ascendant naturel, l'enfant n'avait de droits ni dans l'une ni dans l'autre des familles. Le père adoptif ne devait pouvoir annuler ou valider le testament du père naturel à son gré, en émancipant ou non le fils adoptif. D'autre part, l'émancipation brisait le lien civil qui l'unissait à sa nouvelle famille; il était donc frappé d'une déchéance sans remède. C'est pour couper court à toute éventualité fâcheuse que Justinien fit des réformes radicales, que nous analyserons à leur lieu et place. La seule chose que prenait en considération le préteur, c'était de savoir si l'adopté faisait encore partie de la famille de l'adoptant.

L'adopté, devenu *sui juris* par le prédécès de l'adoptant, ne peut plus alors être émancipé par ce dernier, et sera non recevable à invoquer le bénéfice prétorien. En serait-il de même de son enfant? L'adopté, en émancipant ce dernier, avant la mort de l'aïeul naturel, pourra-t-il le mettre ainsi en état d'être admis par le préteur à l'envoi en possession *contra tabulas testamenti*?

Le préteur ne tient pas compte de l'émancipation faite par un ascendant; donc, aurait-on pu dire, cet enfant n'a pas fictivement, juridiquement, été émancipé par son père naturel; donc il fait partie de la famille adoptive. Ce syllogisme rigoureux eût pu être admis législativement; mais Africanus (loi 14, § 1, de la *pos. contra tabulas*) nous apprend que le préteur avait établi une dérogation en faveur de ce descendant, et lui avait conféré la possession.

Le testateur observe toutes les règles du droit civil, et cependant son testament peut se trouver rescindé par la *querela inofficiosi testamenti*, à cause de l'oubli de certains devoirs naturels, que le législateur a sanctionnés avec le temps. *Recte quidem fecit testamentum, sed non ex officio pietatis.* L'adoption ou l'adrogation avait-elle pour effet de faire évanouir ce droit? Nous ne le pensons pas. L'espèce se présenta dans la pratique. Les héritiers institués, qui eussent défendu la validité du testament, n'osèrent pas plaider, quoique sûrs de l'appui de Pompée (il paraît qu'à Rome les juges rendaient quelquefois des services). *Et aliquantulum adjuvabat heredes quòd Annæus in Sufenatis familiam ac sacra transierat. Sed arctissimum inter homines procreationis vinculum, patris simul voluntatem et principis viri auctoritatem supe-*

ravit. (Valère-Maxime, livre 7, chapitre 7, n° 2. *Fac-
torum dictorumque memorabilium*).

Si le testateur contrevient à ses devoirs, en exhérédant
son fils, sans motif sérieux, que dirons-nous de l'enfant
assez coupable, assez ingrat pour omettre sans juste
cause son ascendant? Marcien, loi 30, *Præmium, Digest.*,
De inofficioso testamento, décide que le père naturel peut
attaquer le testament de son fils, lors même qu'il l'a
donné en adoption, ou que cet enfant émancipé s'est
donné en adrogation.

Nous arrivons à notre deuxième hypothèse. Le père
naturel de l'enfant adopté n'a pas fait de testament, en
droit civil pur l'enfant est dépourvu de tout droit successif. Est-il encore dans la famille adoptive, le droit prétorien l'abandonne également. Est-il émancipé, l'émancipation est censée provenir de l'ascendant naturel, et
dès lors l'adopté est admis en qualité d'héritier sien à la
possession de biens, *unde liberi*, pourvu toutefois que
l'émancipation soit antérieure au décès du *de cujus*. Nous
avons à signaler la même lacune législative ; l'exclusion
de l'enfant qui est sorti de sa famille naturelle par l'adoption, et de sa famille adoptive par l'émancipation, se ren-
contre en matière de succession *ab intestat*. Le motif de
cette disposition est également identique ; l'adoptant ne
peut, à son gré, appeler tel ou tel ordre d'héritier, par
une émancipation postérieure à la mort du testateur.

Mais nous sommes heureux de faire observer qu'en
matière de succession *ab intestat*, le préteur fut d'une
hardiesse remarquable. Il créa l'ordre des cognats, en
sorte que s'il ne se présente à la succession du père

---

* M. Demangeat, Traité élémentaire de droit romain, *De querelâ inofficiosi
testamenti.*

naturel aucun héritier de l'ordre des héritiers siens, ni de l'ordre des agnats, l'adopté resté dans la famille adoptive, ou qui n'en est sorti qu'après le décès du *de cujus*, viendra dans l'ordre des cognats ; et il obtiendra la possession de biens, *unde cognati*. L'adoption n'a pu anéantir la parenté naturelle, que réclame uniquement la vocation prétorienne.

La loi 3, § 7, et § 2, *De pos.*, déclare que l'émancipation émanée d'un ascendant naturel étant censée non avenue, les enfants de l'émancipé ne sont pas supposés changer de famille, quand ils passent par l'adoption sous le pouvoir du père émancipé, ou sous celui de l'aïeul émancipateur.

Par une dérogation aux principes du droit prétorien, si le testateur institue celui qui, sans l'adoption, eût été son héritier sien, et omet un de ceux appelés à ce rang, incontestablement ces derniers, ayant la possession de biens *contra tabulas*, l'enfant adoptif, à cause de son institution, est admis à la demander également, bien qu'il eût dû rester en dehors d'une hérédité à laquelle il a été irrégulièrement appelé (loi 8, § 11, *De b. p. contra tabul.*). Nous arrivons aux rapports de l'adopté vis-à-vis des autres membres de sa famille naturelle.

L'adgnation a disparu, l'adopté ne pourra venir comme agnat à la succession de ceux avec qui désormais il ne se trouve plus lié civilement. Le préteur, qui voulait affaiblir cet ordre des agnats, l'avait laissé tel que la loi des Douze-Tables et la jurisprudence l'avaient établi, et n'y avait introduit aucun membre nouveau. Il appelait les parents selon leur degré dans l'ordre des cognats qu'il avait créé. L'enfant adopté ne pourra donc venir qu'à défaut des agnats.

Par suite de cette exclusion, l'adopté devient étranger aux affranchis de son ascendant naturel; il ne pourra venir à leur succession que comme cognat.

En vertu de la célèbre maxime : *ubi successionis est emolumentum, ibi et tutelæ onus esse debet*, com. I, Gaïus, I, § 170, les diverses charges corrélatives aux droits éventuels résultant de l'adgnation, notamment la tutelle légitime, cesseront d'être dévolues ou conservées à l'adopté. Les tutelles testamentaire et dative, déférées surtout après examen de capacité et de moralité, ne recevront au contraire aucune atteinte.

§ II. — De la position de l'adopté vis-à-vis de la famille adoptive.

Nous avons vu quels droits existaient encore pour l'adopté vis-à-vis de sa famille naturelle, dont il a cessé de faire partie sous le rapport de l'adgnation. Nous allons exposer les relations nouvelles qu'a établies, à son égard, ce titre d'agnat parmi les membres de la famille adoptive. A coup sûr, cette deuxième partie est la plus importante de « la législation d'un peuple pour qui l'ordre » social était basé sur une forte mais un peu artificielle » organisation de la famille, et qui tenait plus compte des » rapports purement civils et politiques que peuvent » créer ou détruire la loi et la volonté des citoyens, que » des liens du sang et de l'affection naturelle. » *

Nous n'aurons donc le plus souvent qu'à constater les

* Ce passage est extrait d'un rapport prononcé à la rentrée solennelle des Facultés, à Aix, par M. Jourdan, chargé de rendre compte des compositions des étudiants. Nous avons tenu à le reproduire, parce qu'il caractérise et résume tous les effets que nous allons passer en revue.

conséquences inexorables du principe *Adoptio naturam imitatur ;* nous aurons également à signaler quelques exceptions, renfermées en un mot dans la loi 23, *De ad.,* Digeste, ainsi conçue : *Adoptio non jus sanguinis, sed jus adgnationis affert.*

Par l'adoption, l'adopté se trouve immédiatement soumis à la puissance paternelle de l'adoptant ; il devient civilement le fils ou le petit-fils du chef de famille, suivant qu'il a été adopté avec l'une ou l'autre qualité. Bien plus, il se trouve lié aux agnats de l'adoptant : *qui in adoptionem datur, his quibus adgnascitur et cognatus fit ; quibus verò non adgnascatur, nec cognatus fit.* Est-il entré dans la famille de l'adoptant à titre de fils, il devient le frère des autres enfants de l'adoptant, l'oncle de ses petits-enfants. Y est-il entré à titre de petit-fils, et avec désignation pour père d'un des enfants de l'adoptant, *quasi ex filio natus,* il possède vis-à-vis de cet enfant la qualité de fils, et naturellement celle de neveu des frères de ce père fictif ; n'y a-t-il eu aucune désignation de père, il est considéré, *quasi ex incerto natus,* comme un enfant issu d'un père qui se trouve décédé, et n'en sera pas moins le neveu des enfants de l'adoptant, restés sous sa puissance. S'il n'est pas séparé par un degré intermédiaire de son père adoptif, il deviendra *sui juris* à la mort de ce dernier, sera un de ses héritiers siens, et de son vivant n'aura besoin, pour se fiancer ou se marier, que de son consentement.

Dans l'hypothèse contraire, la mort du chef de famille aura pour effet de le faire tomber de la puissance de l'aïeul dans celle du père désigné, et de le laisser *alieni juris,* jusqu'à la mort de celui-ci. S'il veut se marier, il lui faudra le double consentement de l'aïeul et du père,

par application de la règle contenue dans le § 7 des Institutes, titre XI, *ne ci invito suus hæres adgnascatur.*

Les agnats, vu la nature et la cause de leur lien, por-
tent tous le même nom; l'adopté doit donc changer le
sien propre; il le terminera par la finale *ianus,* en le
faisant précéder de celui de l'adoptant. Les noms de
Scipio Æmilianus, Cæsar Octavianus (et non, comme on
dit souvent, *Octavus*), sont trop célèbres pour que nous
nous dispensions de les rappeler. L'adopté sera inscrit
sur les tables du cens parmi les personnes *in potestate* de
l'adoptant, qui pourra dissoudre le·fiançailles de ce
nouveau fils de famille, et s'opposer à son mariage; il y
aura droit réciproque aux aliments. Enfin, relativement
à ces nouveaux rapports de famille, un des effets les plus
importants de l'adoption à signaler, c'est l'empêchement
des fiançailles ou du mariage entre l'adopté et certains
membres de la famille adoptive. Des raisons de haute
convenance morale avaient fait naître ces diverses prohibitions. En ligne directe, le mariage était impossible à
l'infini, même après la dissolution de l'adoption. En
ligne collatérale, le mariage était défendu entre toutes
personnes dont l'une n'était éloignée de l'auteur commun que d'un degré, entre l'oncle et la nièce, etc., etc.
Mais cette prohibition cessait avec la cause qui l'avait
produite; la parenté étant exclusivement civile, l'émancipation, qui détruisait l'adgnation, faisait disparaître cet
empêchement. C'est par application de cette règle que
Justinien, § 2, Inst*, déclare que si un beau-père veut
adopter sa bru, il doit commencer par émanciper son fils.
Bien plus, les jurisconsultes romains, dont la fécondité
est intarissable, pour découvrir les hypothèses qui ne
laissent pas d'être fort singulières, de temps en temps,

prévoyaient les circonstances suivantes. Un *pater familias* émancipe son fils adoptif, il pourra épouser la femme devenue veuve, que celui-là a prise après l'émancipation ; car, s'il l'avait épousée avant, *aliquandò ei* (patri) *nurus fuit*, et dès-lors le père ne jouit pas du *connubium*. De même, le fils ne pouvait épouser la mère ni la femme de celui qui avait été son père adoptif, *quia novercæ locum habet* (Digeste, lois 54 et 55, § 1, *De ritu nupt.*). Des motifs de décence publique *(quod honestum)* avaient fait édicter ces diverses dispositions.

Le mariage contracté au mépris de ces empêchements était considéré comme un inceste, puni comme tel ; on admettait un tempérament à cette sanction sévère, à l'égard de l'époux qui l'avait contracté de bonne foi, et des enfants qui en étaient issus (loi 57, I, *De ritu nuptiarum*).

Mais les enfants adoptifs ne comptent pas pour l'adoptant qui réclame la dispense de la tutelle, fondée sur le nombre d'enfants : *liberi adoptivi non præsunt* (*Præmium*, titre 25, Inst**). Si la possibilité d'adopter eût existé pour la femme, à l'époque de sa tutelle perpétuelle, nous admettrions la même solution défavorable ; ou, pour parler plus nettement, nous eussions dit : Pour avoir la faculté de se libérer de cette tutelle, la loi exige un certain nombre d'enfants de la part de la femme, et assurément elle n'a songé qu'aux enfants naturels.

L'effet principal de l'adoption est de conférer à l'adoptant sur l'adopté une puissance paternelle identique à celle du père naturel. Nous devons donc mentionner sommairement les attributs de cette autorité qui fut, surtout dans l'origine, à peu près aussi étendue que celle du maître sur ses esclaves. *Ferè enim nulli alii sunt homines qui talem in filios suos habent potestatem, qualem nos habemus*, s'écrie Gaïus d'un ton à la fois solennel et respirant la fierté patriotique.

Le père, dans les temps primitifs (quoique cela ait été contesté de nos jours par des partisans exagérés et enthousiastes de la législation romaine), avait le droit de vie et de mort sur l'enfant soumis à sa puissance, adopté ou issu de justes noces. Un fragment de la loi des Douze-Tables, ainsi conçu, fait mention de ce droit despotique : *Endo in liberis ejus vitæ necis remandandique potestas ei esto.* La formule de l'adrogation, que nous produirons plus tard, et un passage de Papinien, *De collatione legum mosaïcarum et romanarum*, prouvent d'une façon incontestable l'exactitude de la proposition que nous émettons. D'ailleurs, rappelons-nous que Rome fut fondée par un fratricide, que la république fut ensanglantée par deux meurtres, à son berceau et à sa fin. Brutus fit périr ses enfants ; le fils de Servilie et de César ne craignit pas de porter la main sur son père, et en le poignardant crut être digne de son ancêtre. Rappelons-nous également que les créanciers pouvaient mettre en pièces leurs débiteurs, et un pouvoir aussi barbare du père à l'encontre de ses enfants ne nous étonnera plus.

Plus tard, sous l'empire notamment, grâce à l'influence des idées stoïciennes, grâce surtout à l'influence du christianisme, la puissance paternelle fut singulièrement restreinte. *Patria potestas non in atrocitate, sed in pietate consistit.* Ces paroles de Marcien seraient-elles désavouées par un jurisconsulte moderne? Entre autres monuments législatifs, nous avons principalement remarqué une constitution de Constantin, qui condamne à la même peine que le parricide le père qui tue son enfant, (loi unique code, livre 9, titre 17). *Insulus culco, cum cane, et gallo gallinacco, et vipera et simia..... serpentium contuberniis misceatur,..... in vicinum mare vel in amnem projiciatur.*

Le père pouvait vendre son enfant naturel ou adoptif, la loi des Douze-Tables ne permet aucun doute : *qui ter filium venundavit, filius à patre liber esto.* Ce droit, presque aussi exorbitant que le premier, fut contenu avec le temps dans de sévères limites. A l'époque de Gaïus, cette vente n'était le plus souvent que fictive (*imaginaria*), et avait uniquement pour but de briser la puissance paternelle. Paul nous dit (Sentences, livre V, titre I, § 1) aussi qu'elle n'avait lieu sérieusement que dans un cas d'extrême misère, *contemplatione extremæ necessitatis, aut alimentorum gratid.* Enfin, Constantin n'autorise cet acte barbare que pour les enfants au sortir du sein de leur mère, *adhuc sanguinolenti*, et en cas de misère extrême, *propter nimiam paupertatem egestatemque victûs.* A ces deux droits, que l'on peut sans exagération qualifier de monstrueux, ajoutons-en un troisième, qui mérite la même épithète ; l'exposition fut licite dans les premiers temps de Rome, mais fut bientôt condamnée par les mœurs et par les lois. Mentionnerons-nous l'abandon noxal, moins inique en apparence, mais qui ravale l'homme, et le compare à une valeur indemnisant d'un préjudice causé ? *Erat iniquum*, dit Gaïus, sans aucun scrupule, *nequitiam eorum (filiorum familias) ultrà ipsorum corpora parentibus damnosam esse.* Justinien condamne un pareil abus ; et nous aimons à croire qu'il n'a fait que consacrer l'état des mœurs, en faisant cette innovation et en condamnant cette injustice. Faisons observer que la puissance paternelle s'étendait avec la

— 49 —

même énergie sur les enfants que l'adopté procréait en légitime mariage, depuis son entrée dans la famille adoptive. L'enfant était-il conçu ou né avant cette époque, il était *sui juris*, ou tombait sous le pouvoir de celui auquel était soumis le mari de la mère, suivant que ce dernier était indépendant, ou *alieni juris*.

Nous avons parcouru, aussi rapidement que faire se pouvait, les effets de l'adoption relativement aux personnes ou à certains rapports de famille spéciaux ; mais nous savons que le père, à Rome, avait des droits considérables sur les biens de ses enfants. A l'origine, le fils de famille n'avait pas de patrimoine distinct de celui de son père ; son individualité était complétement absorbée par la personne du chef. Dans les actes juridiques, comme l'esclave, il était un instrument matériel. A la vérité, le *pater familias*, qui avait confiance dans l'intelligence et la bonne conduite de son fils, pouvait lui confier l'administration d'une portion de sa fortune, qu'il avait la faculté de lui retirer, quand bon lui semblait. Cette portion détachée de l'ensemble du patrimoine s'appelait *pécule*. Le fils le détenait pour le chef de famille, qui, à la mort de son enfant, le reprenait par droit de puissance paternelle.

Sous Justinien, les mêmes règles sont applicables à ce pécule profectice, *quià proficiscitur à patre*. Mais déjà l'on avait relevé peu à peu le fils de famille de cette espèce de mort civile, dont il était atteint ; déjà l'on avait diminué cette concentration de tous les droits d'entre les mains du père de famille, par la reconnaissance, en faveur des enfants, de certains biens dénommés pécules castrans, quasi-castrans et adventice.

Les empereurs romains avaient besoin de l'appui des

militaires pour soutenir la nouvelle forme du gouvernement ; on distingua dès-lors, dans une foule de matières juridiques, les soldats des simples citoyens ; les premiers ne songeaient guère aux libertés perdues à la suite des guerres civiles, grâce aux prérogatives dont ils étaient investis. Parmi ces avantages, un des plus précieux fut le droit pour le fils de famille militaire d'être propriétaire individuel de tout ce qu'il pouvait acquérir *militando*. *Castrense peculum*, dit Marcien, *est quod à parentibus vel cognatis in militiâ agenti donatum est, vel quod ipse filius familias in militiâ acquisivit, quod nisi militaret, adquisiturus non fuisset*, loi 11, D., livre 49, titre 17. Il était maître absolu des objets qui composaient ce pécule. *Filii familias in castrensi peculio vice patrum familiarum funguntur*. La barrière brisée, on s'arrêta quelque temps dans cette voie, avant d'effacer les dernières traces du droit civil primitif. Auguste avait établi le pécule castrans ; Constantin établit le pécule quasi-castrans, à l'imitation du premier. Introduit d'abord au profit des créatures de l'empereur, des *officiers* du palais *(palatini)*, il fut successivement étendu par les souverains suivants au profit des avocats, des prêtres et des diacres.

A la différence toutefois du pécule castrans, le pécule quasi-castrans ne pouvait être donné par testament, jusques à Justinien. Parallèlement à ces deux pécules, à l'époque de Constantin, où les femmes ne devaient plus que rarement se trouver *loco filiæ* vis-à-vis de leurs maris, s'établit le pécule adventice. Le fils de famille fut déclaré nu-propriétaire de l'hérédité maternelle, et le *pater familias* usufruitier. Les mêmes principes s'appliquèrent aux biens donnés ou laissés par un ascendant maternel, un conjoint, et par un fiancé. Si le père survivait, ces biens lui étaient dévolus, non plus comme les précédents pécules, par droit de puissance, mais par droit de succession. Cette différence met en relief la personnalité distincte du fils de famille.

En combinant ces diverses dispositions avec la matière de l'adoption, on est obligé de reconnaître que l'adopté jouit de la même capacité. La fiction ne saurait avoir plus de force que la nature. Remarquons seulement que le testament fait par l'adopté antérieurement à l'adoption, tombe par suite de la *minima capitis deminutio*, à moins qu'il ne soit militaire. Pour ce qui concerne le pécule adventice, l'usufruit en sera transmis à l'adoptant, comme un attribut de la puissance paternelle ; si l'adopté prédécède sans enfants ni frères ou sœurs, la dévolution en sera faite au père adoptif, non à titre de pécule, mais à titre d'hérédité. Quant au pécule profectice, l'enfant n'en a jamais été propriétaire, mais administrateur ; les choses se passeront comme dans le passé.

En dehors de ces pécules, et à l'époque où ils n'étaient pas reconnus, cette unité du patrimoine donnait lieu à des conséquences juridiques fort remarquables, que les limites de notre thèse nous obligent à n'indiquer qu'à grands traits : 1° Entre le *pater familias* et ceux qui sont soumis à sa puissance, aucun contrat ne peut avoir lieu, pas plus à titre onéreux qu'à titre gratuit (comparez les fragments du Vatican, § 295, 296 ; le § 6 des Instituts de Justinien, sur les stipulations ; le § 104 de Gaïus, 3ᵉ comment.). Plus tard, on se départit de cette sévérité, et pour les donations Dioclétien admit qu'une pareille libéralité vaudrait comme donation à cause de mort ; Constantin consacra formellement cette interprétation bénigne de la volonté du disposant (§ 274, 281, fragments du Vatican). — 2° De même, découlait de ce principe le droit pour le père de famille de se faire représenter par les enfants soumis à son autorité, § 199, Gaïus, 3° com., et § 2, livre IV, tit. 4, Institutes. — 3° Le vol était impossible entre eux (fr. 52, § 5, *de furtis*, Dig., 47, 2). Ainsi que les actions noxales, toutes ces règles s'appliquent sans contredit à la paternité civile, comme à la paternité naturelle. Il faut en dire autant des actions de *peculio*, *quod jussu*, de l'incapacité d'être témoin, du bénéfice de compétence, de la défense d'appeler en justice sans la permission du préteur. — 4° Enfin, avant d'exposer les relations de succession qui existent entre l'adoptant et l'adopté, reconnaissons que le *pater familias* avait le droit de substituer pupillairement à ce dernier, c'est-à-dire de lui donner un héritier, s'il mourait impubère, pourvu qu'il fût soumis à sa puissance immédiate.

Il nous reste à parler des droits éventuels de succession, acquis à l'adopté vis-à-vis de l'adoptant. Tout se passe encore comme si l'adopté provenait des justes noces de l'adoptant. Est-il soumis à la puissance immédiate du *de cujus*, il a la qualité d'héritier sien ; il profitera de tous les droits qui compètent à un successeur de cet ordre ; aussi, il jouira du bénéfice d'abstention ; de même, il sera soumis à toutes les obligations résultant de ce titre.

Nous allons d'abord nous occuper du cas le plus fréquent à Rome, c'est-à-dire de celui où l'adoptant laisse à son décès un testament.

Iᵉʳ Cas. — Le testament a été fait antérieurement à l'adoption. L'entrée de l'adopté dans la famille adoptive, avec le titre d'héritier sien, amenait fatalement la rupture du testament. Le § 138 de Gaïus, 2ᵉ com., et le § 1 du livre II, titre XVII, prévoient expressément ce cas : *Si quis post factum testamentum adoptaverit sibi filium, aut per populum eum qui sui juris est, aut per prætorem, eum qui in potestate parentis fuerit, omnimodo testamentum ejus rumpitur, quasi agnatione sui heredis.* Le mot *omnimodo* semble décider que le testateur ne pouvait pas prévenir la rupture du testament par une institution ou une exhérédation antérieure. Le § 140 de Gaïus ne laisse d'ailleurs aucun doute : *Nec prodest, sive hæc sive ille adoptatus est, in eo testamento sit institutus institutare, nam de exheredatione ejus supervacuum videtur quærere eum testamenti faciendi tempore suorum heredum numero non fuerit.* Mais il résulte de deux lois au *Digeste*, l'une de Papinien (loi 23, § 1, *De lib. et post.*), l'autre de Scévola (loi 18, *De inj. rupt. et irritum testam.*), que, dans leur opinion, le testament restait valable, si l'adopté y avait été institué d'avance.

Au contraire, ils étaient de l'avis de Gaïus et soutenaient la nullité de l'acte, s'il y avait été exhérédé. Avant l'adoption, disaient-ils, le testateur ne pouvait l'exhéréder, parce qu'il ne pouvait lui enlever des droits qu'il n'a pas. Ils prétendaient d'autre part, contrairement à Gaïus, que le testament était valable si, au lieu de renfermer une exhérédation, il contenait une institution, parce qu'un étranger peut être appelé à une succession par un testament, quoique par suite d'un événement quelconque il y vienne en vertu d'un autre titre. Papinien va plus loin, et il présente l'espèce suivante. Un père émancipe son fils, il l'exhérède ensuite ; il l'adopte après, il le fait rentrer sous sa puissance après cette exhérédation : l'exhérédation est ici efficace, à cause de l'innovation préto-

rienne. Cet enfant, malgré l'émancipation, eût pu venir
à la succession, par la *bonorum possessio contrà tabulas;*
étant exhérédé, il a été dépouillé d'un droit réel et efficace. Il faut même décider avec Ulpien (loi 8, § 10,
De bon. pos. cont. tabulas) que l'exhérédation d'un fils
par son père naturel est valable, pendant que ce fils est
dans une famille adoptive, à l'époque du décès du *de
cujus.* Car, même dans ce cas, il peut être privé de droits
sérieux par cette exhérédation ; il pouvait venir en ciet,
en qualité de cognat, à la succession de son père naturel
(*Dig.,* loi 8, § 10, *De bon. poss. c. t.*). Mais il faut toujours reconnaître que, si le futur adopté est un étranger,
son exhérédation anticipée sera sans résultat (loi 37,
eodem, Ulpien). C'est donc avec raison que Justinien,
tenant compte des sentiments de ces divers jurisconsultes,
a supprimé le mot *omnimodo* dans le § 1 des Institutes,
livre II, titre 17, correspondant au § 138 de Gaïus.

A l'inverse, si l'adoptant fait un testament postérieurement à l'adoption, il doit observer les règles relatives à l'institution ou à l'exhérédation des héritiers siens,
soit qu'ils tiennent leurs droits de la parenté civile,
soit qu'ils les tiennent de la naissance, § 4, livre II,
titre 13. Si l'adopté a le titre de fils, l'institution et l'exhérédation doivent être nominatives ; cette omission
annulait le testament. Si l'adopté était du sexe féminin, ou
s'il possédait la qualité de petit-fils, l'exhérédation *inter
cœteros* était suffisante, et l'inaccomplissement de cette
formalité donnait uniquement lieu au *jus adcrescendi.*
Sous Justinien, on ne distingue pas entre les sexes ni
entre les degrés, et ceux ou celles qui se trouvent, à
n'importe quel rang, sous la puissance immédiate du tes-

fateur, doivent être tous nominativement institués ou
exhérédés, à peine de nullité radicale du testament.

Cette sanction énergique n'est pas produite, si le testament a été fait par l'adoptant militaire et en campagne.

D'ailleurs, ces divers accommodements avec la civilisation, ces atteintes portées à l'implacable règle de la loi
des Douze-Tables, *Uti legassit*, etc., n'étaient après tout,
pour les ascendants paternels, qu'une formalité de plus,
peu de nature à arrêter les Romains, habitués et rompus
aux pantomimes sacramentelles, s'ils voulaient dépouiller
leurs parents de leur hérédité. Nous avons déjà vu que
la *querela inofficiosi testamenti* fut introduite précisément
pour prévenir un résultat aussi fâcheux. Cette ressource
extrême appartenait donc à l'adopté, pourvu que, confor-
mément au droit commun, il ne pût venir à la succession
par un autre moyen. Enfin, le testateur qui avait laissé le
quart de sa succession, ou moins que le quart, s'il ordonnait de le compléter, préservait ainsi son testament de
cette rescision. Justinien alla même plus loin : il présuma
chez le disposant la volonté de faire compléter ce quart
en cas d'insuffisance ; ce n'était plus alors la *querela*,
mais l'action en complément qui, dans ce cas, appartenait
à l'héritier. Enfin, pour qu'on ne nous puisse reprocher
aucune lacune, nous devons rappeler que la réserve des
descendants a été étendue au tiers des biens, si l'ascendant a laissé quatre enfants au moins, et à la moitié, s'il
en a laissé davantage. Cette fraction dérive probablement,
par extension, de la loi Falcidie, et doit être regardée par
nous comme l'origine de la réserve établie par l'art. 913
du code Napoléon.

2e Cas. — *L'adoptant est mort intestat.* L'adopté occu-
pera la même place qu'un fils ou petit-fils naturel y aurait

cue lui-même, suivant qu'il est entré dans la famille adoptive avec telle ou telle qualité. Toutes les règles des successions *ab intestat* relativement au rapport, à la dévolution et à la représentation, devront être observées.

Enfin, comme l'adopté n'est pas seulement uni à l'adoptant, qu'il devient également l'agnat des agnats de l'adoptant, et que ce lien lui enlève le *connubium* à l'encontre de certaines personnes, il acquiert, en revanche, des droits de succession. Si l'ordre des agnats est appelé, et qu'il soit le *proximus* de ceux du *de cujus*, il recueillera le patrimoine de ce dernier, en vertu de la loi des Douze-Tables. *Proximus agnatus familiam habeto.* Il aura la possession *unde legitimi*, et s'il laisse s'écouler le délai de cette possession, il pourra invoquer la possession *unde cognati* ; car les agnats sont cognats entre eux. De même, si d'autres causes d'incapacité ne viennent pas atteindre l'adopté, il pourra devenir le tuteur légitime de ses agnats, toujours en vertu de la fameuse maxime *Ubi est emolumentum*, etc., etc.

Pour terminer cette matière, nous dirons que l'adopté aura également la *querela inofficiosi testamenti*, si le fils naturel ou adoptif de l'adoptant lui a préféré des personnes viles.

Les principes que nous venons de parcourir reçoivent une exception remarquable, quand l'adoptant est un affranchi. D'après la loi des Douze-Tables, le patron et ses enfants sont appelés à succéder à leur affranchi, quand celui-ci meurt sans laisser d'héritiers siens ; ils jouaient le rôle rempli par les agnats, dans la succession des ingénus. Il arrivait alors que l'affranchi, pour exclure ces héritiers *legitimi*, quand il n'avait pas d'enfants naturels, faisait une adoption. Le préteur s'émut d'un abus aussi grave ; pour éviter le retour d'une pareille fraude, il décida que dorénavant le patron et ses fils pourraient, en dépit de toute adoption faite par l'affranchi, recueillir la moitié de la succession de ce dernier, par la voie de la possession *unde legitimi*. Quant à la patronne, ainsi qu'aux descendants du sexe féminin du patron, leurs droits étaient réglementés par la loi des Douze-Tables ; la loi *Papia Poppæa* étendit la disposition de l'édit en leur faveur, pourvu que les filles et les petites-filles agnates du patron eussent trois enfants, comme la patronne affranchie ; la patronne ingénue, pour invoquer cette possession, n'était tenue que d'avoir deux enfants. Justinien, sacrifiant au désir d'innover, régla la succession des affranchis comme celle des ingénus, d'après ce qu'il nous dit dans le § 3, *De successione libertorum*. Mais il garde le silence sur le point de savoir si un enfant adoptif de l'affranchi doit être assimilé à un enfant naturel. De là surgit la question suivante : La faveur du droit prétorien subsiste-t-elle ? Nous ne le pensons pas, parce que ce texte, établissant un nouvel ordre complet de succession des affranchis, doit suffire pour toute la matière. D'ailleurs, l'assimilation à la succession des ingénus condamne une autre solution.

CHAPITRE IV.

DES MODES DE DISSOLUTION DE L'ADOPTION.

L'adoption, avons-nous dit, établit des relations fictives de paternité et de filiation, à peu près aussi énergiques que celles provenant de la nature. Nous pouvons dès-lors poser, comme base fondamentale de la matière, la règle suivante : Toutes les causes qui feront cesser la puissance paternelle, pour les enfants issus *ex justis nuptiis*, seront applicables, *mutatis mutandis*, aux enfants naturels. — Mais remarquons que l'émancipation et l'adoption peuvent seules faire cesser à la fois la *patria potestas* et l'agnation attachée à la présence dans la famille primitive. Autre chose, en un mot, est l'affranchissement de la puissance paternelle, autre chose la rupture des liens de famille. Ainsi, par exemple, le prédécès du père naturel ou adoptif aurait bien pour effet de rendre l'enfant *sui juris*, mais ne briserait pas l'agnation qui l'unit aux autres membres issus du *de cujus*, ou provenant avec lui d'une souche commune, par des générations exclusivement masculines. De même, nous ne faisons pas allusion à la *maxima* et à la *media capitis deminutio*, qui suppriment la liberté et la cité de celui qui les encourt. L'adopté ne peut plus faire partie d'une famille romaine, s'il est esclave ou pérégrin. Eprouvés par le père adoptif, ces événements n'auraient d'autre effet que celui de faire cesser la puissance paternelle.

C'est donc avec ce tempérament, et en ne songeant qu'aux modes détruisant à la fois la *patria potestas* et l'agnation, qu'il faut admettre la loi 13, *De adopt.* (Dig.), ainsi conçue : *In omni ferè jure, finitâ patris adoptivi potestate, nullum ex pristino relinctur vestigium.*

A. — L'émancipation, qui détruit l'agnation entre parents naturels, la fera disparaître à plus forte raison, si l'on ne se trouve uni que par un lien civil. Tous les effets résultant de l'adoption sont à peu près éteints. Ainsi, au point de vue public, l'adopté ne jouit plus des prérogatives que l'adoption lui avait conférées; après la

disparition de la qualité de fils d'un sénateur, le plébéien ne pourra plus invoquer les immunités attachées
à ce titre. Au point de vue privé, plus de droit, ni
comme héritier sien, ni comme agnat, ni comme cognat,
en faveur de l'adopté vis-à-vis de sa famille adoptive ;
plus d'obligation pour l'adoptant de l'instituer ou de
l'exhéréder, etc., etc.

Observons toutefois 1° que la dissolution de l'adoption ne produira pas ces conséquences à l'encontre des
enfants que l'adopté a eus en légitime mariage, et qui
restent sous la *patria potestas* de l'adoptant, si ce dernier ne procède pour chacun d'eux à une émancipation spéciale.

2° Une exception fort remarquable, que nous avons
déjà constatée, a trait aux prohibitions du mariage. —
Des motifs de décence publique, plus puissants que les
principes rigoureux du droit, ont fait décider que les
empêchements au *connubium* entre l'adoptant et ses
enfants adoptifs, entre l'adopté et la femme de l'adoptant, entre l'adoptant et la femme de l'adopté, survi-
vraient à la dissolution de l'agnation.

3° D'après l'organisation spéciale de la famille romaine,
il pouvait se faire qu'un enfant ayant été soit émancipé,
soit donné en adoption par son ascendant naturel, retom-
bât sous sa puissance, au moyen d'une adrogation ou
d'une adoption proprement dite. Après ces changements
d'état, supposons une dernière émancipation, le principe qui va suivre est des plus curieux. Il ne sera tenu
aucun compte de cette adoption dernière relativement
à la personne de l'adopté. Il aura, dans sa famille naturelle, la même position que s'il en fût sorti pour la
première fois par une émancipation. Cette solution est

conforme à l'esprit des innovations prétoriennes ; le préteur a conféré certains droits à l'émancipé vis-à-vis de sa famille naturelle, à cause des liens du sang qui l'unissaient à elle ; on doit donc faire abstraction du degré de parenté purement civile. Ulpien, dans les lois 1, § 7, *De bon. p. c. tab.*, et 3, § 1 et 2, *De adopt.*, nous donne deux applications fort nettes, qu'il est inutile de reproduire.

Rappelons que la sortie de la famille adoptive, du vivant de l'ascendant naturel, lève l'obstacle qui empêchait l'adopté de venir à l'hérédité de celui-ci.

B. — La puissance paternelle et l'agnation produites par l'adoption, peuvent aussi s'évanouir devant une nouvelle adoption, soit, par exemple, que l'adopté, devenu *sui juris*, se donne en adrogation, soit que, soumis à la puissance de l'adoptant, il soit donné en adoption par ce dernier. Si l'adopté est donné en adoption à un autre, tous les effets juridiques que nous avons signalés pour la dissolution de l'adoption par l'émancipation, se produiront dans cette hypothèse, à l'égard de sa famille adoptive. Pour ce qui concerne sa famille naturelle, tout se passera comme s'il avait été pour la première fois donné en adoption par son ascendant naturel.

Souvenons-nous, en terminant cette première partie de notre sujet de droit romain, que l'ascendant naturel qui a émancipé son fils peut le remettre sous sa puissance, ce que ne peut faire l'ascendant adoptif.

TITRE DEUXIÈME.

DES RÈGLES SPÉCIALES A L'ADOPTION.

Nous avons vu dans nos généralités qu'on donnait à
Rome le nom d'adoption proprement dite à un acte
juridique par lequel une personne *alieni juris* passait
sous la puissance d'un *pater familias* autre que celui
auquel elle était soumise antérieurement. Pour traiter
ce deuxième titre d'une façon rationnelle, nous exposerons d'abord les conditions extrinsèques, ou les formes
indispensables de l'adoption ; nous n'avons pas à nous
occuper des conditions intrinsèques, que nous avons
déjà parcourues dans notre premier titre ; nous examinerons, en second lieu, les effets particuliers de cet acte
juridique ; enfin nous indiquerons, dans notre troisième
chapitre, les réformes de Justinien, qui n'a touché en
rien aux principes régissant l'adrogation, et que nous
devions dès-lors parcourir dans ce titre, et non pas à
la suite du premier.

CHAPITRE I".

DES CONDITIONS EXTRINSÈQUES OU DES FORMALITÉS DE L'ADOPTION PROPREMENT DITE.

Nous avons déjà eu l'occasion, à plusieurs reprises, de signaler le caractère distinctif de l'adoption proprement dite. Nous avons vu que la définition de cette opération juridique implique deux idées différentes ; d'une part, elle suppose un déssaisissement de la puissance paternelle ; de l'autre, une attribution de cette même autorité. Quelles formes seront exigées pour arriver à ce double résultat ? Nous laissons de côté la question de savoir si, dans les temps primitifs de Rome, d'autres formalités que celles que nous indiquent les jurisconsultes de l'époque classique étaient requises par le législateur ; ce point historique ne peut être éclairci, vu l'absence complète de textes et de documents. Il est oiseux de soulever des problèmes qu'il est impossible de résoudre. Dans l'origine, il n'existait pas de procédé direct pour libérer un enfant de l'autorité paternelle. La loi des Douze-Tables, qui s'était occupée de l'affranchissement des esclaves, gardait un silence absolu sur les moyens par lesquels on pourrait délivrer les enfants de cette terrible sujétion. Mais l'esprit si pratique, si ingénieux des vieux Romains, ne se tint pas pour battu et combla cette lacune par une interprétation des plus hardies. On répara l'omission de la loi des décemvirs par une application détournée d'un passage de la quatrième Table, ainsi conçu : *Si pater filium ter venunduit, filius à patre liber esto.* En

vendant ses enfants, le *pater familias* les faisait passer
sous une dépendance appelée *mancipium*. Il le manci-
pait une première fois à celui qui voulait adopter ou
à un tiers. Ce dernier affranchissait cet enfant *in mancipio*, qui retombait immédiatement sous le pouvoir de
son père. Cette double opération avait lieu une seconde
fois, pour aboutir au même résultat; et ce n'était qu'a-
près la troisième mancipation que la puissance du père
se trouvait définitivement épuisée. Pour les autres descendants et les filles, vu le silence de la loi des Douze-
Tables, on avait admis qu'une seule mancipation suffisait
pour produire le même effet. Le père était dépouillé de
cette autorité, qu'il fallait pourtant transmettre à l'adoptant. Celui-ci, ou le tiers qui avait l'enfant *in mancipio*,
ou *loco servi*, le rémancipait alors à son père naturel, et,
au moyen d'un procès imaginaire, l'adoptant revendi-
quait l'enfant comme sien, devant le magistrat ; l'adopté
et le père naturel ne contestaient pas cette prétention ;
le préteur *addicebat*, c'est-à-dire attribuait, par une décision conforme à la demande, une puissance paternelle,
dont le fondement était l'autorité de la chose jugée.
Gaïus, § 134, s'exprime ainsi : ..... *Et duæ intercedentes
manumissiones proindè fiunt, et fieri solent, cùm ità cum
pater dimittit, ut sui juris efficiatur. Deindè aut patri re-
mancipatur, et ab eo is qui adoptat, vindicat apud prætorem filium suum esse, et illo contrà non vindicante, à
prætore vindicanti filius addicitur.* Passant ici à l'exposition d'un deuxième mode pour arriver à la même fin,
Gaïus continue : *Aut jure mancipatur patri* (ici manque
à peu près une ligne) *mancipatione est ; sed sanè commodiùs est patri remancipari.*

On s'est perdu en conjectures pour vouloir combler

cette lacune. Les uns ont prétendu que la rémancipation n'était pas essentielle avant la comparution devant le magistrat ; d'autres ont protesté contre cette explication plus ou moins ingénieuse. Nous n'avons pas à cœur d'entrer dans ce débat, mais nous ne pouvons nous empêcher de faire observer aux partisans de la première opinion qu'une raison invincible ruine leur système. Gaïus trouve le mode, que nous avons qualifié de *rémancipation*, beaucoup plus simple et de beaucoup préférable : *Sed sanò commodiùs est patri remancipari*. Et en admettant l'opinion déduite de la restauration de la phrase que l'on propose, ce serait le deuxième mode qui offrirait le plus de simplicité ; et l'on se mettrait ainsi en contradiction ouverte avec le texte de Gaïus.

Le magistrat devant lequel comparaissaient les parties, était celui qui était compétent pour connaître des actions de la loi, *apud quem legis actio*.

L'adoption était un *actus legitimus* ; on devait donc observer, en cette matière, les formes rigoureuses et symboliques, même après la suppression officielle des actions de la loi et l'introduction de la formule, pour les affaires contentieuses. Aussi voyons-nous que, même sous Justinien, l'adoption ne peut se réaliser que par une comparution devant les consuls et les préteurs urbains à Rome, et les gouverneurs dans les provinces, en dépit de la disparition des trois mancipations préliminaires, et de l'*in jure cessio*.

Les magistrats municipaux étaient incompétents, à moins qu'ils n'eussent été investis de la *legis actio*, grâce à un privilège exceptionnel. Les lois 3, 4, *De adopt.* au *Digeste*, ne refusent pas la compétence au magistrat, *apud quem legis actio est*, dans l'hypothèse où il serait intéressé lui-même dans l'acte, soit comme adoptant, soit comme adopté, soit comme donnant en adoption. Ce qui explique facilement cette dérogation aux règles générales, c'est que, dans ces sortes d'actes de juridiction purement gracieuse, la présence du magistrat est une pure formalité ; le consentement des parties est la condition fondamentale. Sous Justinien, le magistrat dresse acte de la volonté de celui qui adopte, de celui qui donne en adoption, et de celui qui est adopté.

Dans le droit antérieur, si le père naturel ne pouvait parler, mais s'il pouvait manifester son intention de quelque manière, cette adoption était illégale ; car la mancipation exigeait de sa part la prononciation de certaines paroles solennelles. Dans la pratique, elle fut avec le temps confirmée par le préteur. Ce fut un nouveau triomphe de l'équité sur ce vieux droit quiritaire, si inflexible dans sa rigueur. Par analogie *et benigniter*, nous pensons qu'on dut étendre cet adoucissement prétorien à la personne de l'adoptant.

Quant à l'adopté, nous savons qu'on n'exigeait de lui que l'absence de dissentiment : *Eo qui adoptatur non contradicente*. On pouvait dès-lors donner en adoption un enfant n'ayant pas encore l'usage de la parole : *Etiam infantem in adoptionem dare possumus*.

Rien ne peut suppléer à l'accomplissement des diverses formalités que nous avons exposées historiquement ; un acte spécial rédigé par un tabellion serait sans valeur juridique : *Adoptio non tabulis, licet per tabellionem conficiendis, sed solenni jure, apud præsidem solet copulari*. Mais les princes, dont les prérogatives ont été de tout temps exceptionnelles, pouvaient confirmer une adoption faite contrairement aux règles du droit, *causâ cognitâ*, c'est-à-dire après que les parties intéressées à la non validité auront été entendues.

CHAPITRE II.

DES EFFETS PARTICULIERS A L'ADOPTION.

Vu les longs développements que nous avons donnés aux effets communs de l'adoption et de l'adrogation, nous serons fort bref sur cette deuxième section ; le trait caractéristique de l'adoption, en cette matière, est la disparition, en quelque sorte, d'un membre d'une famille, et son apparition dans une autre. En ce qui concerne les effets de cet acte spécial vis-à-vis de la famille naturelle, nous n'avons rien à ajouter à ce que nous avons dit de l'influence de l'adoption sous le rapport public ou religieux.

De même, pour compléter le point de vue des intérêts privés, nous n'avons que peu de chose à dire. Nous remarquons principalement la dissolution de la puissance paternelle du père naturel , et dès-lors la cessation des attributs de cette puissance. Par exemple, à partir de l'adoption, plus de droits de tuer, de manciper, d'exposer, qui ont à certaines époques compété au *pater familias*. Par rapport aux biens, plus d'acquisition faite par l'adopté, au profit de celui-ci. L'usufruit que ce dernier avait sur le pécule adventice s'éteindra par suite de cet événement ; et nous ne pensons pas qu'il ait le droit de réclamer, comme en matière d'émancipation, le bénéfice de l'usufruit sur la moitié du pécule adventice de l'enfant qu'il donne en adoption. Le père ne fait ici que déplacer la sujétion de l'enfant ; il ne le rend pas *sui juris*, et ne lui procure pas, en thèse générale, le même avantage qu'en l'émancipant. Il n'y a donc pas lieu de raisonner par analogie de l'émancipation.

Notons également que certaines restrictions juridiques dépendant uniquement du lien civil qui unit le fils de famille à son père, cesseront de subsister. Ainsi les contrats à titre gratuit, les contrats à titre onéreux, pourront avoir lieu entre l'un et l'autre ; des délits pourront se commettre à l'encontre l'un de l'autre ; le fils pourra être sujet passif d'une action noxale, et se trouver exposé, par un méfait, à revenir à la *patria potestas*, du moins jusqu'à Justinien. Enfin le père ne pouvait plus substituer pupillairement au fils qu'il n'avait pas en sa puissance ; il ne pouvait plus se faire représenter à l'époque où la représentation par *cognitores* ou *procuratores* n'était pas autorisée. Les règles des actions *quod jussu, de peculio*, cessaient également d'être applicables.

Pour les relations de succession, elles n'existaient plus, à moins que l'adopté ne fût, ainsi que nous l'avons déjà dit, émancipé par l'adoptant, antérieurement au décès de l'ascendant naturel ; dans ce cas spécial, les mêmes droits étaient reconnus à l'ex-adopté, qu'à un enfant émancipé ordinaire du père naturel.

En ce qui concerne la question de savoir à qui appartenait un legs fait à un fils de famille, donné ensuite en adoption, il faut distinguer les legs purs et simples des legs conditionnels. Pour les legs faits purement ou avec un terme fixe (§ 31, Règles d'Ulpien), le *dies cedit* avait lieu au moment de la mort du testateur. Le décès de celui-ci était-il antérieur à l'adoption, ce legs appartenaît au *pater familias* naturel. Il en était tout autrement des legs conditionnels ; le *dies cedit* n'ayant lieu qu'au moment de la réalisation de la condition, le père naturel ne pouvait avoir droit à ces libéralités, qu'autant que l'accomplissement de cette modalité précédait l'adoption.

Enfin, constatons que seul l'adopté sort de sa famille naturelle, ceux de ses enfants légitimes qui ont été conçus à une époque antérieure à l'adoption, restent sous l'autorité de l'ascendant, *non patrem sed avum sequuntur liberi.* Pour ces derniers, l'adopté est censé prédécédé, et ils acquièrent le même rang que si ce prédécès avait eu lieu. Ils deviendront *sui juris* à la mort de leur aïeul. Ils seront ses héritiers siens et nécessaires et auront tous les droits que nous avons déjà mentionnés, en ce qui concerne l'institution, l'exhérédation, etc. Pour le mariage, le consentement du père, qui a été donné en adoption, ne leur sera pas nécessaire, etc., etc.

En ce qui concerne les effets de l'adoption vis-à-vis de l'adoptant, nous n'avons à enregistrer de résultat particulier que le droit de réclamer la quarte sabinienne dans un cas tout spécial. L'adopté *ex tribus maribus*, pris parmi trois enfants mâles, avait un avantage singulier sur lequel Théophile, dans sa Paraphrase, s'exprime ainsi : « Si j'ai trois enfants mâles, si j'en donne un en adoption, cette adoption se nomme *ex tribus maribus*. Et il y a le sc. sabinien qui décide que vous adoptant, vous serez dans l'obligation de laisser le quart de vos biens à celui que vous avez ainsi adopté ; et si vous ne lui laissez pas ce quart, le sc. lui donne lui-même une action pour en poursuivre la délivrance contre vos héritiers. » Le but de cette disposition était d'assurer quelques biens à l'adopté qui, après avoir perdu ses droits dans sa famille naturelle, était sujet au même malheur dans la famille adoptive, si une émancipation ou ou une exhérédation avait lieu ensuite. A l'époque où la *querela inofficiosi testamenti* fut autorisée, cette action ne pouvait se cumuler avec le bénéfice de l'adopté *ex tribus maribus*; ou, pour mieux dire, l'adopté ne pouvait intenter cette action extraordinaire, *ultimum remedium*.

CHAPITRE III.

DE LA RÉFORME DE L'ADOPTION PROPREMENT DITE PAR JUSTINIEN.

Plusieurs fois, dans le cours de notre travail, nous avons fait allusion aux innovations de Justinien. Quelques conséquences fâcheuses pour l'adopté se présentaient sous l'ancienne législation; nous allons les rappeler très-sommairement, afin de faire, pour ainsi dire, toucher du doigt les modifications. Vis-à-vis de sa famille naturelle, l'adopté n'était qu'un cognat et n'y pouvait prétendre aucun droit, si ce n'est dans le cas très-rare d'absence d'héritiers siens et d'agnats. Tous les droits qu'il avait perdus dans une famille, il les recouvrait, à la vérité, dans une autre. Mais l'émancipation était un moyen bien facile de l'expulser de la famille adoptive, et le fils adoptif se trouvait alors exclu des deux familles. Les *bonorum possessiones contra tabulas et unde liberi* étaient subordonnées, d'autre part, à la sortie de l'adopté de la famille adoptive; l'émancipation postérieure au décès du père naturel, était sans influence sur la dévolution de ses biens. La qualité d'agnat n'était pas rendue par cette émancipation ; l'empereur Anastase, toutefois, par dérogation aux anciens principes, appela seulement à la succession légitime de ses frères et sœurs l'émancipé pour la moitié de la part des autres, et ce n'est que Justinien, en 534, qui substitua une égalité complète entre frères et sœurs.

Justinien, dans sa célèbre constitution, ne mentionne pas l'adrogation dont les anciens effets restent intacts. Il conserve intégralement à l'adoption ses conséquences juridiques, lorsque l'adoptant est un ascendant de l'adopté, ce qui peut se présenter si l'ascendant est maternel, émancipateur ou émancipé ; il n'a pas alors la puissance paternelle sur ses descendants, et il recourt à l'adoption pour l'acquérir. L'enfant est-il émancipé par le père adoptif, il perdra, comme auparavant, tous ses droits dans la famille adoptive et ne recouvrera dans sa famille naturelle que ceux concédés aux émancipés par le droit prétorien et la constitution d'Anastase. Mais un pareil événement n'est guère à craindre de la part d'un père adoptif, déjà uni à l'adopté par les liens du sang. D'ailleurs un motif juridique est mis en relief par M. Etienne, page 123, 1er volume, explication des Instutes de Justinien, note 2. Voici la thèse qu'il soutient : Un fils ne peut jamais être dépourvu d'un droit à une succession, lorsqu'il est adopté par un aïeul paternel et maternel. « 1° Supposons, dit le savant professeur, que j'aie donné en adoption mon fils au père qui m'a émancipé ; si mon père l'émancipe avant ma mort, le préteur lui accordera des droits dans ma propre succession ; si je meurs avant mon père et que celui-ci ensuite émancipe mon fils, ce dernier viendra, d'après le droit prétorien, prendre dans la succession de mon père la place que j'y aurais occupée.

2° Supposons, à l'inverse, que je l'aie donné en adoption au père de ma femme ; s'il est émancipé par celui-ci de mon vivant, il aura ma succession, d'après le droit prétorien ; s'il est émancipé après ma mort et que sa mère vive à cette époque, il aura la succession de sa mère, d'après les constitutions ; s'il est émancipé et que sa mère soit morte, il aura la succession de son aïeul maternel à la place de sa mère. Seulement il prendra un tiers de moins, pour le laisser aux cohéritiers de sa mère, ou, s'il n'y a pas de cohéritiers de sa mère, *il prendra toute la succession moins un quart pour les agnats* ». Ajoutons que Justinien abolit cette diminution alternative du tiers ou du quart.

Enfin, comme Justinien n'a modifié les anciennes règles que pour protéger les enfants contre les adoptions qui leur enlèvent tous leurs droits dans la famille naturelle, sans leur en conférer, en compensation, dans la famille adoptive, par suite des émancipations intempestives qui viennent détruire l'adoption, il résulte que, si l'adopté n'a pas de droits à prétendre dans sa famille naturelle, l'adoption devra produire tous ses anciens effets. Ainsi l'adopté est-il un petit-fils, dont le père est resté dans la famille de l'aïeul, il acquiert sur la succession de l'adoptant, même étranger, les mêmes droits éventuels qu'antérieurement, parce que, n'étant pas sous la puissance immédiate de l'ascendant naturel, il n'est pas son héritier présomptif.

L'adoptant est-il un étranger ? Justinien dépouille l'adoption de son caractère primitif. L'adopté n'entrera ni sous la puissance paternelle, ni dans la famille de l'adoptant; il n'y acquerra aucun droit d'agnation : il aura uniquement un droit de succession *ab intestat* sur l'hérédité de l'adoptant. Sommes-nous loin du brocard que Justinien ne devrait rappeler que pour mémoire : *Adoptio naturam imitatur?* L'adoptant peut exhéréder totalement l'adopté, qui ne sort pas de sa famille naturelle et y garde tous ses droits.

La même constitution enlève à l'adopté *ex tribus maribus,* pris entre trois mâles, la quarte sabinienne, qui n'avait été accordée que comme une compensation du danger que courait l'adopté d'être exclu de toute succession. Enfin, contrairement à l'opinion de Marcien et au jugement rendu sous Pompée, que nous avons reproduit, Justinien refuse absolument la *querela inofficiosi testamenti* au fils injustement exhérédé par son père naturel, s'il est passé dans une famille adoptive.

TITRE TROISIÈME.

DE L'ADROGATION.

I. *Définition.* — L'adrogation est un acte solennel par lequel un chef de famille passe, avec tous ses biens et ses enfants, sous la puissance d'un autre chef de famille.

II. *Origine du nom.* — Gaïus (§ 99, 1er com.) nous indique l'étymologie du mot adrogation. Il nous dit qu'il provient de la triple demande que la perfection de cet acte oblige à faire, à l'adrogeant, à l'adrogé et au peuple. *Quæ species dicitur adrogatio, quia et is qui adoptat rogatur, id est, interrogatur, an velit eum quem adoptaturus sit, justum sibi filium esse; et is qui adoptatur, rogatur an id fieri patiatur; et populus rogatur an id fieri jubeat.* Aulu-Gelle nous transmet également la formule adressée au peuple romain (liv. 5, chap. 19) : *Velitis, jubeatis, Quirites, uti Lucius Valerius Lucio Titio tam jure legeque filius sibi siet, quam si ex eo patre matreque familias ejus natus esset, utique ei vitæ necisque in eum potestas siet, uti patri endo filio esto; hæc itá, uti dixi, itá vos Quirites, rogo.*

III. *Importance de cet acte.* — En jetant les yeux sur la définition que nous avons donnée, il est facile de voir, à *priori*, la gravité de cet acte. Il ne s'agit pas ici, comme pour l'adoption proprement dite, d'un simple déplace-

ment de puissance paternelle, mais de la création de
cette même puissance sur un individu qui en était affranchi auparavant. Un citoyen *sui juris* est rayé des tables
du cens; sa place est supprimée, et cette individualité
antérieurement indépendante est absorbée par un *pater
familias*. Acquérant les dieux domestiques de la famille
adoptive, l'adrogé laisse périr le culte des siens, la
famille dont il est le chef se confond avec celle de
l'adrogeant et passe tout entière sous l'autorité de ce
dernier. Les personnes *alieni juris*, libres ou esclaves,
soumises au pouvoir de l'adrogé, dépendent d'un nouveau maître, sans que leur volonté soit consultée.

Après nous être rendu compte de cette institution
toute romaine, après avoir montré d'un trait l'énergie
du lien qu'elle produisait, nous pouvons procéder à
l'analyse détaillée des règles contenues dans les textes.
Cette suppression d'une famille, ce changement des
sacra privata, justifieront suffisamment les précautions
prises par le législateur, expliqueront les conditions
intrinsèques et les formes exigées pour la perfection de
cet acte solennel.

IV. Division. — Nous diviserons notre matière ainsi
qu'il suit :

Chap. I. — Quelles sont les conditions de fond toutes spéciales à l'adro-
gation?
Chap. II. — Quelles sont les conditions de forme de l'adrogation?
Chap. III. — Quels sont les effets particuliers de l'adrogation?
Chap. IV. — De l'adrogation testamentaire.

CHAPITRE I".

QUELLES SONT LES CONDITIONS DE FOND TOUTES SPÉCIALES A L'ADROGATION ?

Quand nous aurons indiqué les personnes qui peuvent adroger et celles qui peuvent être adrogées, nous aurons fait connaître quelles sont les diverses conditions exigées par la loi.

SECTION I.

Qui peut adroger.

Nous pouvons d'abord poser en principe que, pour être capable d'adroger, il faut au moins être capable d'adopter. Il faut, en deuxième lieu, dit Ulpien (loi 15, § 2, *De adopt. Dig.*), rechercher si celui qui adroge a atteint l'âge de soixante ans; avant cet âge, il peut demander à la nature les enfants qu'il n'a pas ; mais certaines circonstances, une maladie accidentelle, une faible constitution, le désir d'acquérir la puissance paternelle sur un enfant émancipé *sui juris*, qu'il avait procréé dans la famille de son père, et que ce dernier avait libéré de son autorité, enfin quelque autre raison légitime, pouvaient motiver une dispense d'âge. On doit appliquer avec plus de rigueur encore qu'à l'adoption, la prohibition, signalée par les lois 15, § 3, et 17, § 3 (*h. t.*). Ces lois nous disent qu'il ne faut pas accorder facilement l'autorisation d'adroger à celui qui a déjà des enfants issus de justes noces, ou même adoptifs. Il n'est pas juste que

les espérances conçues par ces derniers soient trop
légèrement sacrifiées aux fantaisies de celui qui veut
adroger. Il faut de plus, si l'on veut adroger un mineur
de vingt-cinq ans, n'avoir été ni son tuteur ni son
curateur (*Digeste*, loi 17). Une disposition différente eût
été une voie ouverte aux fraudes des mandataires légaux,
qui auraient cherché à se soustraire à une reddition
de compte. L'empereur Titus Antonin permit, par un
rescrit, au beau-père tuteur d'adroger son *privignus*,
parce qu'ici le dol est moins à redouter. Nous savons
que, dans le même esprit de protection pour la pupille,
le mariage était défendu entre l'ex-tuteur ou son fils
et sa pupille, avant qu'elle ne fût parvenue à cet âge de
25 ans, passé lequel elle n'a plus de recours à exercer
relativement aux comptes de tutelle. Si, contrairement
à cette prohibition, le fils de Titius épouse ma pupille
et que je l'adroge, celui-ci, se trouvant civilement mon
fils, sera marié à ma pupille. Le jurisconsulte Tryphonius
pose la question dans la loi 67, *De ritu nuptiarum*, et il
en donne une solution remarquable, quoique en termes
ambigus et obscurs. Mais la tutelle une fois finie, nous
dit-il, je crains qu'on n'exagère en déclarant nulle l'adrogation du mari de cette pupille, sous prétexte qu'elle
n'a lieu que pour se dispenser de l'obligation de rendre compte. Au commencement de la loi, il déclare de
la façon la plus positive que le mari, pouvant toujours
répudier sa femme, manifeste sa volonté de la répudier lorsqu'il consent à être adopté par son beau-
père. De deux choses l'une : ou le mariage est dissous,
ou l'adoption est nulle ; et du moment qu'il se prononce pour la validité de l'adoption, il décide tout naturellement, bien que d'une manière fort elliptique, que

le mariage ne peut subsister. D'autres auteurs donnent
une interprétation contraire, mais qu'il nous paraît
impossible d'admettre.

Toute adrogation était précédée d'une *cognitio causæ*,
c'est-à-dire d'une enquête relative surtout à la personne de l'adrogeant. Le magistrat chargé de cette fonction devait examiner le mobile qui le poussait à cet
acte ; quand on songe à quel degré de dissolution les
mœurs descendirent sous l'époque impériale, on ne
trouve que trop indispensable la précaution du législateur.
L'affranchi pouvait adroger s'il était citoyen romain ;
nous rappelons ce point, parce que la question de savoir
s'il peut être adrogé, est délicate ; nous aurons à observer plusieurs distinctions.

SECTION II.

Qui peut être adrogé.

Peuvent seulement être adrogés, les citoyens romains
sui juris ; les étrangers ne pouvaient en effet, ainsi
que nous l'avons déjà vu, invoquer le bénéfice du *jus
civile romanum*, accordé toutefois par exception et vu
des circonstances particulières. Les fils de famille étaient
adoptés ; ce principe ressort de l'essence même de l'a-
doption proprement dite.

A l'époque où, pour l'adrogation, une loi curiate était
nécessaire, celui qu'il s'agissait d'adroger devait faire
partie des comices. Aussi les femmes et les impubères
ne pouvaient-ils être adrogés, parce que ces personnes
n'ont pas *la communio comitiorum*. Autre raison pour
ces deux catégories d'incapables ; sous la période classi-

que, leur incapacité était générale ; et le tuteur ne pouvait autoriser un pareil acte dépassant de beaucoup les limites de ses pouvoirs ; le père de famille, maître presque absolu de ses enfants, peut les donner en adoption ; mais le tuteur protége un *caput liberum*, un individu indépendant ; et la concession d'un pouvoir aussi exorbitant eût été incompatible avec l'idée fondamentale de la tutelle. (Gaïus, com. 1, 101 et 102 ; Ulpien, titre 8, § 5.)

Cependant un autre texte de Gaïus, la loi 21 au *Digeste, De ad.*, nous dit que les femmes ont autant de capacité, sur ce point, que les individus du sexe masculin. Faut-il en conclure qu'il y a une contradiction entre ces deux passages de Gaïus ? Faut-il en conclure seulement que la question était débattue entre les jurisconsultes romains ? Nous ne le pensons pas ; on sait que les compilateurs du *corpus juris civilis* ne se croyaient pas embarrassés par des principes qui froissaient leurs idées ; composant une œuvre plutôt législative que scientifique, ils ne se faisaient aucun scrupule d'altérer certains textes, pour les accommoder à leur manière de voir et pour les rendre conformes avec le droit nouveau. Quand le pouvoir des licteurs, représentant les curies, eut passé à l'empereur, quand la tutelle perpétuelle des femmes ne fut plus qu'un vain mot, par suite du discrédit de l'agnation, l'incapacité des femmes dut logiquement disparaître avec la cause qui l'avait produite. L'interdiction fut levée plus tôt, en ce qui regarde l'impubère, et nous allons procéder à l'analyse des conditions toutes particulières exigées par Antonin le Pieux.

L'adoption qui se forme principalement entre le père naturel et l'adoptant, a toujours été possible pour un impubère, même *infans*.

Ce résultat juridique découlait de la puissance paternelle. L'adrogation d'un impubère *infans* n'a jamais été
licite, au contraire, à cause de l'impossibilité où il était
de répondre à .. demandes solennelles, qui étaient un
des éléments essentiels de cette institution. L'adrogation
de l'impubère *non infans* n'a été autorisée que par Antonin le Pieux, mais avec des garanties exceptionnelles.
Outre cette enquête, exigée suivant le droit commun,
on devra tout particulièrement, quand il s'agira d'un
individu *sui juris* de cette catégorie, chercher si c'est
une affection probe et honnête qui pousse l'adrogeant,
quelle est sa position, sa fortune, quelle est celle du
pupille (car il ne faut pas que l'adrogation soit de la
part de l'adrogeant une spéculation); il faudra examiner
en un mot, suivant les expressions du § 3 des Instituts,
si l'adrogation est tout à la fois honorable pour le
pupille et si elle lui est utile, *an honesta sit expediatque
pupillo*. Indépendamment du consentement des tuteurs,
les parents intervenaient, étaient recevables à émettre
leur avis sur l'opportunité de l'acte. Leur intérêt, le plus
souvent opposé à celui de l'adrogeant, était une garantie
de plus. L'impubère, qui probablement n'a pas toute
l'intelligence de la situation nouvelle dans laquelle il
va se placer (car à onze ou à treize, ou même quelques
mois après avoir atteint la puberté, quel jugement peut-
on avoir ?), ne peut disposer irrévocablement de sa personne, des enfants qu'il peut procréer dans l'avenir et
de tout son patrimoine, pour le passé et l'avenir, tant
à son préjudice personnel qu'à celui de ses héritiers.
Il fallait donc l'autoriser à revenir contre l'engagement
imprudent qu'il pouvait prendre, malgré la vigilance des
magistrats ; et comme, dans l'intervalle, ses biens pou-

vaient être détériorés ou dissipés par l'incurie ou le
dol de l'adrogeant, ce dernier devait promettre à une
personne publique, à un tabellion, que si l'adrogé mourait impubère, il rendrait ses biens à ceux qui, sans
l'adrogation, lui eussent succédé ; car elle ne doit pas
nuire à ceux qui sont ses héritiers présomptifs à ce
moment, et dont la vocation aurait été peut-être consa-
crée par les réclamations de l'adrogé ; d'ailleurs Antonin innovait et ne voulait pas trop froisser les droits
ou l'attente des héritiers naturels. Cette promesse ne
peut avoir d'effet que si l'adrogé décède impubère, précisément parce qu'après cette époque, le citoyen romain
peut faire un testament et détruire ainsi les espérances
conçues sur ses biens par les plus proches agnats. Et si
l'adrogé devenu pubère ne proteste pas contre son adrogation, il reconnaît par cela même qu'il faut lui attribuer
la même vertu que s'il avait eu lieu pour un citoyen
pubère. La promesse principale de l'adrogeant et la
promesse accessoire des fidéjusseurs, doit être faite à un
tabellion. Cette particularité s'explique d'après les principes romains concernant les stipulations. Il n'est pas
permis de stipuler pour autrui, et il aurait été bien difficile d'assurer les diverses restitutions auxquelles est tenu
l'adrogeant ; les personnes qui doivent en profiter sont
les héritiers de l'impubère, encore indéterminés.

L'héritier le plus proche aujourd'hui peut ne plus
l'être demain ; il est impossible de faire figurer, en qualité de *stipulatores*, des inconnus, dont il faut toutefois
sauvegarder les intérêts. On tourna cette difficulté. On
imagina de faire jouer le rôle de stipulant au *tabularius*
de la cité, c'est-à-dire à un esclave chargé dans chaque
cité de tenir les registres publics. Un esclave peut repré-

senter son maître *(vox domini loquentis)*, il est son instrument actif ou passif, et s'il appartient à plusieurs
maîtres, il stipule pour tous ou pour ceux qu'il désigne.
L'esclave public est censé appartenir à tous les citoyens,
il peut stipuler pour un ou plusieurs d'entre eux ; c'était
donc respecter, du moins en apparence, les principes
de la législation civile, que de donner aux héritiers de
l'adrogé l'action *ex stipulatu*, du chef de ce *tabularius*,
dont ils pouvaient se dire les maîtres, pour partie, comme
membres de la cité. Le raisonnement me paraît un
peu violent et ne semblait pas très-sûr aux yeux des
Romains eux-mêmes. Il y a effectivement une différence
énorme entre la propriété que l'on possède en commun
avec des individus, et celle qui compète à quelqu'un,
comme membre de la cité, sur le domaine public. Ce
détour fut si peu régulier, suivant les Romains, qu'ils
refusaient aux héritiers une action directe et qu'ils leur
accordaient simplement une action utile (loi 40, Dig. *De
adopt.*). Ce syllogisme pécha même par sa base, quand
Arcadius et Honorius décidèrent que les tabellions
seraient pris exclusivement dans les classes des hommes
libres (loi 3, code, de Tabel.)

Si les héritiers négligent de requérir la *cautio*, c'est-
à-dire de faire cautionner par des personnes solvables
l'engagement de l'adrogeant, ce dernier, quoiqu'il n'ait
fourni qu'une *nuda repromissio*, n'en sera pas moins tenu
par une action utile (loi 19, Ulpien, *h. t.*). Tous les
textes qui s'occupent de cette *satisdatio* ne font point
allusion aux cas où l'adrogé lui-même aurait besoin de
protection ; donc elle ne doit point le garantir contre les
conséquences de l'émancipation ou de l'exhérédation.
Il ne peut évidemment intenter une action utile, sur le

fondement d'une *sponsio* faite à un *tabularius*, quand lui-même peut stipuler et ne peut être remplacé par un *sponsor*. Sous Justinien, cette *satisdatio* est encore utile ; l'adrogeant n'acquiert, il est vrai, que l'usufruit des biens de l'adrogé, mais l'engagement qu'il prend de restituer les biens de l'impubère équivaut à une renonciation à cette succession, au profit de qui de droit. En traitant des effets particuliers à l'adrogation, nous consacrerons des développements spéciaux aux effets de l'adrogation de l'impubère.

L'affranchi pouvait-il être adrogé ? La question ne peut se présenter pour l'adoption, parce que l'adoption de l'affranchi ne se comprend pas sans une adrogation préalable. Il y avait de graves inconvénients à laisser sur ce point aux personnes de cette classe une latitude absolue. C'était leur ouvrir un moyen facile de faire irruption dans la classe des ingénus. Des documents précis ne nous permettent aucun doute. Aulu-Gelle, livre 4, ch. 12 (Nuits attiques), nous dit que les affranchis ne pouvaient être adrogés, surtout par les ingénus : *Libertini non poterant arrogari maximè ab ingenuis ne illius ordinis homines, per arrogationem in jura ingenuorum irrepant vel invadant.*

Cette raison ne nous paraît pas suffisante ; elle peut avoir une importance politique, mais au point de vue privé, je dirais avec Cicéron : *Non est satis.* Pothier nous dit encore (Pandectes de Justinien, n° 24) que si l'adrogation d'un affranchi est inadmissible, c'est parce qu'ils ne pouvaient faire partie des assemblées par curies. Ce motif ne me satisfait pas davantage, et je dirais encore avec le même auteur : *Ne id quidem satis est.* Une considération décisive, qui fait dire à Ulpien : *Sed nec libertum alienum quis adoptare potest* (loi 15, *h. t.*, D.) est mise en relief, avec une netteté remarquable, dans les lois 19, *De bon. libert.*, et 10, § 2, *De in jus voc.* Dig. Une adrogation qui eût donné à l'affranchi des droits d'ingénuité, eût en même temps enlevé au patron ses droits de patronage. Il y a une quasi-agnation entre lui et son ancien esclave, et cette institution juridique la ferait évanouir, avec tous ses effets. Cette raison nous paraît si évidente que, si cet inconvénient n'existait pas, l'affranchi pouvait être adopté par son patron pour de justes motifs. Supposons, du reste, qu'au mépris de cette interdiction, l'adrogation d'un affranchi par un autre que par son patron ait eu lieu subrepticement, la nullité n'en est pas prononcée par les textes ; ils déclarent seulement que les droits du patron seront maintenus ; pour lui seul l'adrogation est non avenue, elle ne peut avoir pour effet de modifier sa position, sans sa participation personnelle. Ces trois motifs doivent donc être indiqués simultanément ; ils se soutiennent l'un l'autre, et il ne convient pas d'en indiquer un seul, et d'omettre le dernier, de beaucoup plus important. L'affranchi, adrogé légalement ou non, n'acquiert jamais la qualité d'ingénu ; c'est par application de cette règle que Marcellus décide qu'un affranchi qui aura été adrogé par un ingénu, n'en continuera pas moins d'être exclu, comme affranchi, d'une alliance sénatoriale.

CHAPITRE II.

QUELLES SONT LES CONDITIONS EXTRINSÈQUES DE L'ADROGATION ?

Ainsi que nous l'avons vu, l'adrogation produisait des effets considérables ; elle devait dès-lors être assujettie à des formalités sévères, quand à Rome des actes d'une minime importance étaient soumis à des solennités rigoureuses.

Quelque époque de la législation romaine que l'on veuille examiner, on est obligé de reconnaître que le concours du pouvoir législatif et du pouvoir religieux a toujours été nécessaire pour la perfection de cet acte. Le mode suivant lequel s'exerçait le pouvoir législatif, a dû nécessairement varier ; dès l'origine, et jusqu'à l'empire, c'est le peuple assemblé par curies qui prononce l'adrogation, et lui donne son efficacité par une loi. La forme primitive du testament en temps ordinaire était également une loi. Après la substitution des centuries aux curies, faite par Servius Tullius, ces dernières assemblées ne furent pas dépouillées *in globo* de toutes leurs attributions législatives, et continuèrent à être investies de cette partie du pouvoir qui a trait au culte et aux anciennes institutions.

Si, longtemps après l'invasion et le triomphe graduel et successif de l'équité, certaines solennités furent encore usitées, quoique odieuses et finissant par succomber sous l'animadversion générale, de même, il arriva que les comices par curies n'existèrent plus en réalité, mais subsistèrent symboliquement.

La loi curiate était indispensable pour la perfection de
l'adrogation ; on recourut à une fiction, et trente licteurs
représentèrent les trente curies. On battait en brèche le
vieux droit quiritaire, tout en paraissant le respecter ; et
par ces détours, on évitait de heurter de front les préjugés et les scrupules de ceux qui croyaient encore la fortune de Rome attachée à ces singulières cérémonies.
Le pouvoir religieux avait aussi sa part d'influence, et
nous devons d'autant moins être surpris de son intervention, que jusqu'en 1789 le mariage n'était parfait, dans
notre pays, au point de vue civil, qu'après les cérémonies
chrétiennes. A Rome, pour l'adrogation, il était exercé
par le collége des pontifes, assistant à la réunion du peuple ou des licteurs. C'était un pontife qui était chargé de
l'enquête relative à l'opportunité de l'adrogation. Il
indiquait si le but de l'adrogeant était honorable, enfin si
les parties réunissaient les conditions requises.

On demandait à l'adrogeant s'il voulait admettre un
tel pour son fils légitime, à l'adrogé s'il voulait le devenir, au peuple s'il l'ordonnait; et alors, moyennant l'adhésion des pontifes, l'adrogation était accomplie (Gaïus,
com. I, § 90). La proposition faite au peuple se nommait
rogatio, et le peuple l'accueillait ou la rejetait comme une
loi ordinaire ; il mettait sur le bulletin de vote les lettres
U, R (*uti rogas*) pour le vote approbatif, ou la lettre A
(*antiquo*, je repousse), pour le vote négatif. Les diverses interrogations donnèrent le nom à l'institution,
ainsi que nous avons eu déjà l'occasion de l'indiquer,
d'après Gaïus. Aulu-Gelle le fait dériver du mot *rogatio*.
Cette forme dura-t-elle longtemps après l'établissement
de l'empire? Les documents précis nous font défaut
pour résoudre ce problème ; mais nous pouvons avancer

sans crainte que les curies ne furent pas immédiatement privées de leur compétence, en matière d'adrogation. La célèbre loi *Regia* transmit les pouvoirs du peuple à l'empereur ; mais dans les modestes limites de l'intérêt privé, la souveraineté populaire, sans aucun caractère grave, inquiétait peu le despotisme impérial.

Gaïus et Ulpien attestent que les curies représentées par trente licteurs sont maintenues encore de leur temps, dans la possession de cette partie peu importante du pouvoir législatif. Avec le temps, la tyrannie n'eut plus de ménagements hypocrites à garder ; et deux constitutions de Dioclétien (lois 2 et 6, code, *De ad.*), nous apprennent qu'un rescrit impérial prononce l'adrogation sur l'enquête d'un magistrat. Quant à l'intervention des pontifes, elle avait lieu sous une autre forme ; le prince était le chef des pontifes, et cumulait sur sa tête le commandement de l'autorité temporelle et de l'autorité spirituelle.

Ces modifications furent la source de plusieurs autres ; les comices ne se réunissaient qu'à Rome, on ne pouvait procéder à l'adrogation en province. A l'origine, les plébéiens eux-mêmes n'y avaient pas accès, et par cela même étaient frappés de l'incapacité d'adroger. De même en dirons-nous de la femme et de l'impubère. Toutes ces restrictions n'eurent plus leur raison d'être et ne survécurent pas longtemps au changement, qui attribuait au chef de l'Etat la faculté de conférer par un simple rescrit la puissance paternelle.

CHAPITRE III.

DES EFFETS PARTICULIERS A L'ADROGATION.

Pour ne pas nous exposer à des répétitions oiseuses, nous disons d'abord que l'adrogé se trouve vis-à-vis de sa famille naturelle dans la même position que l'adopté, sauf une seule différence, c'est que les modifications de Justinien ne lui sont pas applicables. Il suffira, pour les autres points de vue, de se reporter aux développements étendus que nous avons consacrés aux effets communs de l'adoption et de l'adrogation. Toutefois nous ne pouvons nous empêcher de mentionner une conséquence grave résultant de l'adrogation. Un fils émancipé et omis, comme nous l'avons déjà vu, a le droit de demander la possession *contra tabulas* au décès de son père naturel ; s'il se donne en adrogation avant d'avoir mis en mouvement cette action, il en est déchu ; car elle lui était dévolue lors de son adrogation, mais non acquise ; et après son adrogation, il ne fait plus partie des personnes à qui le préteur l'accorde (Cujas, sur la loi 3, § 6, *De bonorum possessione contra tabulas*). Ce résultat juridique constant est bien rigoureux ; n'est-ce pas le cas de nous écrier avec Gaïus : *Vix est ut obtineat ?* Mais s'il a été institué héritier, il peut, en dépit de l'adrogation, *commisso per alium edicto*, demander la possession *contra tabulas*.

L'adrogé ne sera plus inscrit sur les tables du cens, avec un chapitre particulier ; son nom figurera parmi ceux des personnes soumises à la puissance de l'adrogeant.

Par une dérogation aux règles relatives à l'agnation, Ulpien, *Dig.* loi 10, § 2, *De in jus vocando*, décidait que l'affranchi ne changeait pas de patron par l'adrogation du sien.

Cette solution est confirmée par Julien dans la loi 23, *De bonis libertorum*, au Digeste. Mais les *operarum obligationes* qui étaient dues au patron s'évanouissent, et cela nous suffit pour penser qu'il ne faut pas admettre un tempérament à la règle si précise posée par Ulpien, (titre XI, § 9) : *Legitima tutela capitis deminutione amittitur.* Cette opinion est contestée par quelques auteurs.

Enfin toutes les règles applicables au fils de famille, le sont à l'adrogé, et notamment le sc. macédonien.

Après avoir indiqué le plus sommairement possible les effets particuliers de l'adrogation vis-à-vis de l'adrogé, nous allons passer aussi rapidement en revue les grandes modifications que son patrimoine subissait.

Primitivement, à l'époque où tout ce que le fils de famille acquérait se trouvait appartenir au père de famille, l'adrogation, en attribuant à l'adrogeant la puissance paternelle, lui faisait en même temps acquérir les biens de l'adrogé ; ce genre particulier de succession nous est ainsi rapporté par Gaïus (com. III, § 82) : *Sunt autem etiam alterius generis successiones, quæ neque lege duodecim tabularum, neque prætoris edicto, sed eo jure, quod consensu receptum est, introductæ sunt. Ecce enim quum pater familias se in adoptionem dedit, omnes ejus res incorporales et corporales quæque ei debitæ sunt, patri adoptivo adquiruntur, exceptis iis quæ per capitis deminutionem pereunt, quales sunt ususfructus, operarum obligatio libertorum quæ per jusjurandum contracta est, et quæ continentur legitimo judicio.* Mais les règles sur les pécules devaient être conciliées, plus tard, avec cette théorie, inflexible dans l'origine. Sous Justinien, nous admettons que, sauf le pécule castrans ou quasi-castrans, tous les biens de l'adrogé sont soumis à un droit d'usufruit au profit de l'adrogeant. On peut, en effet, les considérer comme un véritable pécule adventive ; et de là, nous devons conclure que la propriété des biens de l'adrogé ne passera à l'adrogeant, à titre de succession, qu'autant que celui-là mourra dans la famille adoptive, et ne laissera aucun des héritiers que les constitutions préfèrent (descendant, frère ou sœur).

Il est essentiel de faire observer, avec le texte de Gaïus que nous avons déjà cité, que le changement d'état de l'adrogé, en faisant de lui une autre personne civile, éteignait à l'origine les droits d'usage et d'usufruit, les *operarum obligationes*, et toutes les dettes nées d'un contrat ou d'un quasi-contrat, sauf celles *quæ naturalem prœstationem habere intelliguntur*, comme la restitution de la dot, ou du dépôt, ou qui provenaient de conventions fondées sur des qualités individuelles, abstraction faite de la personne civile, comme le mandat, la société.

Par exception encore, et en vertu de la célèbre maxime, *non bona hereditaria intelliguntur, nisi deducto œre alieno*, les dettes dont l'adrogé était tenu, par suite d'une acceptation d'hérédité antérieure à l'adrogation, passaient à l'adrogeant. *Noxa caput sequitur ;* même dans les temps les plus sévères, les obligations, ayant pour but la réparation du préjudice causé par un délit ou un quasi-délit, continuent à subsister en dépit du changement d'état.

Justinien établit que dorénavant les droits d'usufruit et d'usage ne seront plus éteints par la *minima capitis deminutio*. Les *operarum obligationes* cessent encore de subsis-

ter, mais en ce qui concerne les dettes, le préteur ne
manqua pas d'user de son pouvoir de corriger le droit
civil. Il accordait toujours aux créanciers antérieurs de
l'adrogé la *restitutio in integrum*. Voici comment s'exprime Gaïus dans les § 84, com. III, et 38, com. IV : *De eo*
vero quod prius suo nomine adoptatus debuerit, licet neque
pater adoptivus teneatur, neque ipse quidem qui se in adop-
tionem dedit, quia scilicet per capitis deminutionem libera-
tur, tamen in eum eamve utilis actio dabitur, rescissâ capi-
tis deminutione, et si adversus hanc actionem non defendan-
tur, quæ bona eorum futura fuissent, si se alieno juri non
subjecissent, universa vendere creditoribus prætor permit-
tit. Le même jurisconsulte, au § 38, com. IV, développe
la même idée : *Præterea aliquando fingimus adversarium*
nostrum capite deminutum non esse. Nam si ex contractu
nobis obligatus, obligatave sit, et capite deminutus demi-
nutave fuerit, velut.... masculus per adrogationem, desinit
jure civili debere nobis, nec directo intendere possumus
dare eum eamve oportere ; sed ne in potestate ejus sit nos-
trum jus corrumpere, introducta est contra eum eamve actio
utilis, rescissâ capitis deminutione, id est, in qua fingitur
capite deminutus deminutave non esse. D'un mot nous pouvons indiquer cette innovation prétorienne : si l'adrogeant ne veut défendre l'adrogé poursuivi, les créanciers
obtiennent l'envoi en possession de tous les biens qui lui
ont appartenu. Sous Justinien, l'adrogeant sera appelé
nomine filii, et s'il ne comparaît pas, le magistrat autori-
sera les créanciers à se nantir des biens ayant appartenu
à l'adrogé (§ 3, Institutes. *De acquis. per adrog.*).

Une des particularités les plus saillantes de notre matière concerne les enfants que le *pater familias*, adrogé,
avait sous sa puissance. Tout ce que nous venons de voir

r. gardait uniquement la personne de l'adrogé ; ce contrat ne produisait pas seulement ses effets vis-à-vis des parties, contrairement en apparence à la loi 1, titre 60, code : *inter alios res gestas aliis non posse præjudicium facere sæpe constitutum est.* L'étendue de la puissance paternelle à Rome ne comportait pas de bornes, et nous ne devons pas être surpris que celui qui avait les pouvoirs illimités, mentionnés dans notre dissertation, eût celui de les faire passer sous une dépendance autre que celle à laquelle ils étaient antérieurement soumis. Les enfants de l'adrogé cessent donc d'être sous la puissance paternelle de celui-ci qui est devenu fils de famille, pour tomber sous l'autorité de l'adrogeant. En entrant dans la famille de ce dernier, ils y acquièrent la même position civile que si, lors de leur conception, l'adrogé se fût déjà trouvé dans la famille adoptive. L'adrogé est-il adopté comme fils, ils auront la qualité de petits-fils, etc., etc.

Et il n'y a pas lieu de distinguer si les enfants soumis à la puissance paternelle de l'adrogé étaient adoptifs ou naturels. Ces principes sont ainsi exposés par Justinien dans le § 11 des Institutes, livre 1, titre XI : *Illud proprium est adoptionis illius quæ per sacrum oraculum fit quod is qui liberos in potestate habet, si se adrogandum dederit, non solum ipse potestati adrogatoris subjicitur, sed etiam liberi ejus in ejusdem fiunt potestate, tanquam nepotes. Sic enim et divus Augustus non ante Tiberium adoptavit, quàm is Germanicum adoptavit, ut protinùs, adoptione factà, incipiat Germanicus Augusti nepos esse.*

Nous avons signalé ci-dessus tout ce qui se rattache aux effets de la puissance paternelle sur la personne des enfants. Bornons-nous à ajouter que toutes ces règles reçoivent ici leur application. Nous devons nous appesantir davantage sur une situation juridique anormale, qui mérite certains développements. Nous avons vu qu'un rescrit d'Antonin le Pieux permit l'adrogation des impubères, *cum quibusdam conditionibus.*

Dans le chapitre relatif aux conditions de l'adoption, nous avons dû montrer les conditions spéciales, réclamées par une hypothèse spéciale. Il nous reste à voir les effets particuliers de cette adrogation. Mais, au début de cette matière, posons un principe fondamental. Toutes les règles exceptionnelles, que nous allons passer en revue, ne reçoivent leur application que pendant l'impuberté de l'adrogé ; car à l'adrogé devenu pubère, la loi offre un moyen énergique de sauvegarder ses intérêts : il consiste dans la faculté de protester contre son adrogation. La loi 31, Dig., *De adop.*, est ainsi conçue : *Etsi pubes factus non expedire sibi in potestatem ejus redigi probaverit, æquum est emancipari eum à patre adoptivo, atque ità pristinum jus recuperare.* Si l'adrogé réclame, s'il réussit dans sa demande, le droit commun reprendra tout son empire. Notons que l'adrogation d'un impubère met fin à la tutelle, à laquelle il était soumis, et qui est incompatible avec sa qualité de fils de famille. Le mot de pupille est donc inexact ; et c'est à tort que le § 3, *De adop.*, Instit., emploie cette expression.

Il pouvait arriver, à l'époque principalement où le patrimoine de l'adrogé passait à l'adrogeant, qu'après l'avoir recueilli, ce dernier ne vînt à émanciper celui-là, ou ne le dépouillât de son hérédité au moyen d'une exhérédation. C'est pour prévenir ce résultat désastreux pour l'impubère, qu'Antonin avait édicté les dispositions suivantes :

1° L'adrogeant qui aura eu de légitimes motifs d'émanciper l'impubère, lui devra rendre tous les biens provenant de son chef, soit au moment de l'adrogation, soit postérieurement ;

2° L'a-t-il émancipé sans motif? Indépendamment de cette restitution, il devra lui donner le quart de ses biens ; cette quarte a été, à juste titre, appelée Antonine, du nom de l'empereur qui l'a établie ;

3° L'a-t-il exhérédé? Ici nous n'avons pas à examiner si l'adrogé a mérité ou non l'exhérédation encourue, parce que, si l'adrogeant avait contre lui des griefs ou de justes sujets de plainte, il devait procéder à l'émancipation de son vivant, et ne devait pas attendre pour le punir le moment où il a fait son testament. La quarte est une partie de l'hérédité de l'adrogeant ; elle ne peut donc jamais être réclamée, avant la mort de celui-ci, pas plus au cas d'émancipation *sine justâ causâ*, qu'au cas d'exhérédation. L'adrogé emploiera contre les héritiers une action *familiæ erciscundæ* utile.

La jurisprudence romaine avait été d'avis que les droits accordés à l'adrogé par cette législation ne lui étaient pas personnels, et se transmettaient à ses ayants cause (loi 22, Digeste, *De ad.*).

Faisons également observer que, dans le cas d'exhérédation non méritée, l'impubère n'est pas admis à intenter la *querela inofficiosi testamenti*, puisque cette voie extraordinaire, *ultimum remedium*, n'est ouverte qu'à défaut de tout autre moyen pour arriver aux biens du défunt. Ici la quarte supplée à la *querela*.

Enfin, pour mettre l'impubère à l'abri de tout danger, l'empereur Antonin établit que toute aliénation faite en fraude de l'adrogé pourrait être révoquée au moyen d'une action favienne ou calvisienne utile (Dig., loi 13, *Si quid in fraudem patr.*).

C'étaient deux actions concédées originairement au patron, à l'effet de sauvegarder et de défendre, contre la fraude de son affranchi, les droits éventuels qu'il avait sur son hérédité. Appliquée a l'adrogation, cette mesure de précaution, de la part du législateur romain, est des plus utiles. L'adrogeant, avant Justinien, acquérait alors la pleine propriété de ceux des biens qui n'étaient pas classés, dans les divers pécules reconnus, et pouvait en disposer; cette faculté était peu compatible avec la restitution. Sous Justinien, l'action favienne ou calvisienne utile continue de procurer à l'impubère l'avantage d'une protection sérieuse contre les aliénations frauduleuses, au moyen desquelles l'adrogeant voudrait rendre à peu près nulle la quarte assurée par Antonin.

Nous avons parcouru, dans le chapitre des conditions spéciales à l'adrogation, les diverses garanties que la loi avait imposées pour mettre à l'abri les intérêts de certains tiers. Quels sont ces tiers? quels sont leurs droits? Nous avons à examiner ces deux points que nous avons laissés alors de côté, parce qu'ils se rattachent surtout aux effets de l'adrogation. Les tiers, qui peuvent avoir des droits, sont les héritiers présomptifs, qui seraient venus à la succession *ab intestat* ou testamentaire de l'adrogé, en l'absence de l'adrogation. Une stipulation avait lieu à leur profit ; et si l'engagement envers le *tabularius* ne se formait pas, il arrivait fatalement que les biens devaient rester toujours dans les mains de l'adrogeant, car l'adrogation a dissous les liens d'agnation qui unissaient l'impubère à sa famille naturelle ; et, d'un autre côté, ceux qui étaient appelés, par un testament fait par le père de famille pour le compte de ses enfants, ou, en d'autres termes, grâce à une substitution pupillaire, ne pouvaient

plus invoquer cette substitution effacée par l'adrogation.
Aussi les biens de l'impubère seront-ils rendus à ces derniers, non plus par l'effet de cette substitution évanouie,
mais par l'effet d'une obligation contractée par l'adrogeant de rendre les biens de l'adrogé, mort avant d'avoir
atteint la puberté, à ceux qui les auraient recueillis sans
l'adrogation (Digeste, loi 10, *De vulg. et pupill. subst.*).

Nous pourrions nous demander si le droit qu'a l'adrogeant de faire une substitution pupillaire, en vertu de sa
patria potestas, n'est pas singulièrement modifié par ces
prescriptions. Cette substitution, nous dit Ulpien (Digeste,
loi 22, § 1, *h. t.*, et loi 10, § 6, *De pup. et vulg. subst.*),
vaudra pour les biens que l'adrogeant aura laissés à
l'adrogé, ou que ce dernier aurait acquis à l'occasion de
l'adrogation, par exemple, un legs provenant d'un ami,
ou d'un parent de l'adrogeant, ou la quarte Antonine
elle-même. Mais si l'adrogeant avait chargé l'adrogé d'un
fidéicommis, naturellement ce fidéicommis ne serait obligatoire que pour la partie de la disposition excédant le
quart des biens, qui doit au moins lui revenir, et qui ne
peut lui être enlevé indirectement.

CHAPITRE IV.

DE L'ADROGATION TESTAMENTAIRE.

Plusieurs auteurs classiques, et notamment les historiens Suétone, Velleius-Paterculus, Eutrope et Dion,
dont Cujas cite divers extraits (livre 7, *Observat.*, cap. 7,
col. 171), nous apprennent que, vers la fin de la république, s'introduisit l'usage de déclarer dans son testament
que l'on considérait tel citoyen comme son fils, et qu'on
le faisait héritier à la fois de son nom et de sa fortune.

Suétone s'exprime ainsi, en parlant de l'*adoption testamentaire* d'Octave, par Jules César (Suétone, n° 83, *in Julio*). *Novissimo testamento tres instituit heredes, sororum nepotes, C. Octavium ex dodrante, et L. Pinarium et L. Pedium ex quadrante reliquo ; in unâ cerâ C. Octavium etiam in familiam nomenque adoptavit.* Ces sortes d'institutions d'héritiers étaient improprement nommées adoptions, car tout le monde reconnaissait qu'elles ne pouvaient valoir, à ce dernier titre, qu'autant qu'elles étaient confirmées par une loi curiate. Dion (*lib.* 45, *cap.* 5) fait remarquer qu'il fut ainsi procédé à l'égard d'Octave, et le même auteur, parlant encore du testament de César (*lib.* 44, *cap.* 35), rapporte que Brutus s'y trouvait aussi adopté, mais au second degré seulement.

Cette seconde adoption ne fut pas confirmée, par une excellente raison juridique que nous donne Cujas, dans le passage ci-dessus indiqué. Pour que l'adoption testamentaire fût susceptible de confirmation, il fallait que celui en faveur de qui elle avait eu lieu arrivât à l'hérédité au premier degré, et non comme substitué. Il nous est permis de présumer que cette adoption imparfaite se pratiquait encore sous Justinien. Nous voyons, en effet, au Digeste (loi 38, *De adopt.*), que l'adoption *non jure facta* peut être confirmée par le prince, et dans un autre texte, Modestin prévoit formellement une adoption de ce genre. La loi 12, tit. 14, liv. 37, au Digeste, est ainsi conçue : *Gaïus Seius decedens testamento ordinato, inter filios suos Julium libertum suum, quasi et ipsum filium ex parte heredem nominavit. Quæro an hujusmodi scriptura possit liberto statum conditionis mutare ? Modestinus respondit mutare non posse.* Il n'en serait donc pas de même pour un ingénu, dont les droits sont plus étendus dans la législation romaine.

TROISIÈME PARTIE.

DE L'ADOPTION EN DROIT FRANÇAIS.

DIVISION. — GÉNÉRALITÉS.

Pour terminer notre tâche, il nous reste à exposer, avec le plus de brièveté possible, l'historique de l'adoption, depuis l'invasion des barbares jusques à la révolution française ; à examiner la législation intermédiaire ; à rappeler d'un mot les discussions vives qui s'élevèrent sur ce point à l'époque de la rédaction du code civil ; enfin, à analyser, avec toute l'attention et le soin qu'elles méritent, les dispositions de notre législation positive actuelle. Nous devons toutefois, avant d'entrer en matière, définir l'adoption telle qu'elle existe chez nous, car, après avoir caractérisé juridiquement le contrat autorisé de notre temps, nous pourrons hardiment avancer qu'il n'existait, ni dans les pays de droit écrit, ni dans les pays de droit coutumier, quoique les premiers aient été pendant de longs siècles régis par la législation romaine.

L'adoption est un contrat solennel, par lequel l'adopté, sans sortir de sa famille naturelle, acquiert les droits de filiation civile vis-à-vis de l'adoptant.

7

TITRE PREMIER.

HISTORIQUE DEPUIS L'INVASION DES BARBARES JUSQU'A LA RÉVOLUTION FRANÇAISE.

Une chose est certaine, c'est que l'adoption disparut, comme institution privée, au moyen âge et dans les temps modernes. Aucun auteur, aucun historien, que nous connaissions, ne s'est élevé contre cette opinion, que nous pouvons émettre avec la certitude de n'être pas démenti. L'adoption était trop contraire aux droits éventuels des seigneurs sur les fiefs possédés par leurs vassaux, pour coexister avec la féodalité. De là ce brocard : *Adoptivus filius in feudum non succedit* (livre 2, titre 26, § 4, *Feud. consuet.*); car, ajoute la Glose, le fief se donne en vue de la descendance naturelle du vassal; or l'adopté n'est pas du sang de l'adoptant. *Adoptio peculiare jus est Romanis*, disait Denizart au xviiie siècle, quoique alors la féodalité n'existât plus que de nom. Le droit coutumier était aussi positif; par exemple, la coutume de la châtellenie de Lille, t. 16, art. 4, contestait nettement la validité de l'adoption: « Adoption n'a lieu, y est-il écrit ; toutes les fois que la coutume parle des enfants, ajoutait Dumoulin, il ne s'agit pas des enfants adoptifs. » Quelquefois, il est vrai, s'accomplissaient divers actes, qui produisaient des effets analogues à certains résultats de l'adoption; ainsi une personne donnait ces biens entre-vifs ou par testament, à la condition que l'individu gratifié portât le nom et les armes du disposant. Mais aucune de ces clauses n'établit entre les parties ce lien fictif de paternité et de filiation qui forme le signe distinctif de l'adoption. Bacquet (Droit d'aubaine, partie 3, ch. 4, n⁰ˢ 7 et 8) nous rapporte le procès suivant. Une adoption avait eu lieu en réalité, quoiqu'elle fût illicite ; une donation avait été faite par l'adoptant dans le même acte ; et en vertu de la règle *valida per invalida non vitiantur*, les juges confirmèrent la donation, ne tinrent aucun compte de l'autre convention ; et l'auteur nous dit : « Mais l'adoption n'était aucunement *considérable* (nous dirions aujourd'hui considérée, ou plutôt prise en considération), parce qu'en pays coutumier de France, les adoptions ne sont reçues et les enfants adoptés ne succèdent point. »

La démonstration de notre premier point nous paraît décisive ; nous ne parlerons pas de la qualification impropre donnée à certains faits rapportés par Heineccius qui nous cite *omnes adoptiones comparatas, non ad acquirendam potestatem, sed vel ad honorem, vel ad religionem, uti adoptiones per baptismum, per catechismum,, per confirmationem, mitram et pœnitentiam.*

Mais nous ne pouvons nous empêcher de reproduire le passage suivant du même docteur : *Per arma adoptatus filii quidem vel nepotis nomen sumebat, sed sine effectu civili, cum nec in patriam potestatem perveniret, nec hereditatis esset particeps.* Il nous rapporte également les moyens employés pour produire ces liens, sans aucune vigueur juridique, fort en honneur parmi les princes : *Medio œvo varii memorantur adoptionis ritus veluti per arma, id est, equos, enses, clypeos et reliqua instrumenta bellica, quorum traditione vel transmissione Theodoricus, Ostrogothorum rex, regem Herulorum,.... et alii alios adoptasse dicuntur.* Cassiodore, et après lui Montesquieu, relatent, à propos de cette adoption entre souverains, la lettre de Théodoric, fort remarquable, et que ne désavouerait pas un monarque contemporain : « C'est une belle chose parmi nous de pouvoir être adopté par les armes ; les hommes courageux sont les seuls qui méritent de devenir nos enfants. Il y a une telle force dans cet acte, que celui qui en est l'objet aimera toujours mieux mourir que de souffrir quelque chose de honteux. Ainsi, par la coutume des nations et parce que vous êtes un homme, nous vous adoptons par ce bouclier, cette épée, ces chevaux, que nous vous envoyons. »

Mais, dans tous ces cas, le mot d'adoption n'a pas l'étendue ni le sens qu'on lui prête dans le langage du droit. Le seul effet saillant consiste dans un témoignage d'estime ou d'affection à l'égard de la personne adoptée.

Si nous remontons dans l'histoire, à une époque antérieure à l'établissement de la féodalité, et si nous examinons la législation des Francs, à ce sujet, nous trouvons plusieurs documents qui font expressément mention de l'adoption, quoique les monuments législatifs concernant les Visigoths, les Bourguignons, les Saxons, les Bavarois et les Frisons soient absolument muets sur cette matière.

Nous citerons d'abord un texte de la loi des Ripuaires, ainsi conçu : *Si quis procreationem filiorum, vel filiarum non habuerit, omnem facultatem suam in præsentia regis, sive vir mulieri sive mulier viro, seu cuicumque libet de proximis vel extraneis adoptare in hæreditatem vel in.* *adfilimi locum, per scripturarum seriem, seu per tra- ditionem, et testibus adhibitis, secundum legem Ripua- riam licentiam habeat.* (Lex Ripuariorum, t. 48, De homine qui sine hæreditate moritur. Lindembrog.)

La même faculté est reconnue par un capitulaire de Charlemagne, reproduit dans la loi des Lombards : *Qui filios non habuerit et alium quemlibet hæredem sibi facere voluerit coram rege, vel coram comite et scabinis, vel missis dominicis, qui ab eo ad justitias faciendas in provinciâ fuerint ordinati, traditionem faciat.* Si ces documents lais- sent planer encore quelque doute, parce qu'ils ne parlent que de la concession du droit de transmettre son héré- dité suivant des formes solennelles, il nous semble que la formule de Marculfe (*form.* 13, *lib.* 2) tranche catégo- riquement toute controverse : *Et te quod inter nos bonæ pacis placuit atque convenit in loco filiorum meorum visus sum adoptasse ; ita ut dum advixero victum et vesti- tum mihi in omnibus sufficienter impertias et procures, et omnes res meas quascumque habere videor, me vivente, in tuâ potestate recipere debeas.* Nous lisons dans une autre formule rapportée par Lindembrog dans le même recueil, n° 58, tome 2, page 481, intitulée ainsi : *Epistola qua- liter extraneus homo in locum filii adoptetur. Dum pecca- tis meis facientibus orbatus sum à filiis, mihi placuit ut illum, unâ consensu patris sui in civitate illâ, cum curiâ publicâ, de potestate patris naturalis discedentem et in meam potestatem venientem, in loco filiorum adoptas- sem.*

Il paraît bien difficile de ne pas reconnaître, dans ces divers actes, l'institution indiquée d'ailleurs par le mot lui-même. Nous y trouvons le changement de famille,

la puissance paternelle de l'adoptant, et les droits d
succession de l'adopté. Nous voulons bien croire que
sans doute le caractère précis et énergique de l'adoption
romaine n'existait pas ; mais il nous semble qu'il y a
une grande exagération à aller jusqu'à dire, avec Grenier
(Traité de l'adoption), que ces conventions n'étaient que
de simples pactes de succession. Nous sommes donc
de l'avis de Proudhon, qui critique sur ce point le
savant tribun.

Pour terminer notre matière, nous rappelons avec M.
Michelet (Origines du droit français) que des cérémonies et des usages fort bizarres étaient préliminaires à
l'adoption. Dans certains pays, l'adoptant pressait l'enfant adopté contre la poitrine nue, et en le faisant passer
sous le vêtement le plus près de la chair. De même,
l'adopté, pour exprimer la relation nouvelle de dépendance à laquelle il allait être soumis, se faisait couper
les cheveux ou la barbe par l'adoptant ; c'est ainsi qu'en
usèrent Luitprand et Alaric à l'égard de Pépin et de
Clovis.

Nous citerons enfin, avant d'arriver à l'époque intermédiaire, un cas d'adoption *sui generis*. L'hôpital de la
Charité à Lyon, celui de St-Esprit à Paris, adoptaient les
enfants abandonnés depuis l'âge de 7 ans jusqu'à celui
de 14, avaient à leur encontre les prérogatives diverses
de la puissance paternelle, et notamment le droit de leur
succéder, à défaut d'enfants ou de frères et sœurs (Malleville, Analyse du code civil, page 341).

En ce qui concerne l'ancienne législation, notre conclusion est facile à déduire de l'exposé que nous avons
fait. Nous pensons que jusqu'à l'établissement de la
féodalité, l'adoption existait peut-être avec une portée

juridique vague et indéterminée, que les particuliers la pratiquaient peu, et que pendant des siècles postérieurs on ne se rappelait plus que le nom de cette institution, et les principes qui la régissaient à Rome.

TITRE DEUXIÈME.

HISTORIQUE DEPUIS LA RÉVOLUTION FRA ·E JUSQU'AU CODE CIVIL.

L'adoption avait donc disparu de nos mœurs et de nos institutions, lorsque, le 18 janvier 1792, la Convention nationale la rétablit, sur la proposition de Rougier Labergerie, et décréta: « que son comité de législation comprendrait, dans son plan général des lois civiles, celles relatives à l'adoption. » Le pays alors entrait résolûment dans la voie des innovations et du progrès; les idées les plus généreuses, les utopies philanthropiques étaient en vogue; le législateur croyait en ce moment changer par ses décrets la face du monde, et il se hâta, dans le domaine du droit privé, de combler ce qui lui paraissait être une lacune regrettable.

Le premier projet du code civil, lu les 7, 30 et 31 août; le deuxième projet, lu le 23 fructidor an 2; le décret du 6 décembre 1791, enfin divers actes législatifs, mentionnent l'adoption comme une institution déjà en vigueur (const⁰ⁿ de 1793, art. 21, décret du 15 frimaire an III; loi du 22 frimaire an VII, art 68; arrêté du 19 floréal

an VIII, art 10). Bien plus, un décret donnait la qualité
de citoyen français aux étrangers adoptant un Français.
La Convention elle-même donne l'exemple en adoptant,
au nom de la patrie, la fille de Michel Lepelletier (décret
du 25 janvier 1793). Cette institution toutefois n'était
admise que comme principe ; les conditions, la forme
et les effets de l'adoption n'étaient pas fixés. Un certain
nombre de particuliers n'attendirent pas cette réglemen-
tation. Ils s'empressèrent de profiter de la faculté en harmonie avec les sentiments les plus naturels à l'homme.
Il y aurait eu une injustice criante à déclarer nuls des
actes que le législateur avait consacrés solennellement.
D'autre part, l'iniquité eût été tout aussi profonde, si l'on
avait appliqué à cet état intermédiaire les dispositions
postérieures du code Napoléon. C'est pour régulariser
cette situation qu'une loi spéciale fut portée ; elle intervint le 25 germinal an XI, treize jours après la promul-
gation du titre, que nous étudierons bientôt. Cette loi essentiellement transitoire, et qui aujourd'hui n'a plus
guère qu'un intérêt historique, décidait, dans son article
1er, que toutes adoptions faites par actes authentiques
depuis le 18 janvier 1792 jusqu'à la publication des
dispositions du code civil relatives à l'adoption, seraient
valables, quand elles n'auraient été accompagnées d'aucune des conditions depuis imposées pour adopter et
être adopté.

Pourra néanmoins, disait l'article 2, celui qui aura été
en minorité et qui se trouverait aujourd'hui majeur, renoncer à l'adoption, dans un délai de trois mois à partir
de la publication de la dite loi, ou de sa majorité, si elle
n'avait lieu que postérieurement. Il fut également déclaré
(art. 3) que l'adopté jouirait de tous les droits accordés

par le code Napoléon, sauf les cas où des droits plus ou
moins étendus auraient été spécialement déterminés par
un acte authentique ou par un jugement passé en force de
chose jugée. En l'absence de toute convention, on accorda
à l'adoptant, pendant six mois, le droit de déclarer devant
le juge de paix de son domicile qu'il n'avait entendu con-
céder à l'adopté que le tiers des droits de successibilité
qui appartiennent à un enfant légitime.

De nombreuses applications de cette loi ont été faites
par la jurisprudence; ainsi il a été jugé avec beaucoup de
raison par la cour de Nimes (14 mars 1814) qu'un père
adoptif avait pu valablement accomplir cet acte, en dépit
de l'existence d'un ou de plusieurs enfants légitimes. Les
n°° 19 et suivants du répertoire du journal du Palais
contiennent des espèces tout aussi remarquables.

TITRE TROISIÈME.

DE LA LÉGISLATION ACTUELLE.

Son établissement fut précédé de débats fort vifs sur les deux points de savoir, s'il fallait accueillir l'adoption, et s'il convenait d'en faire une imitation aussi parfaite que possible de la nature.

Nous avons rappelé, au commencement de notre thèse, les discussions qui s'élevèrent sur la première question, et nous n'y reviendrons pas. Quant à ce qui concerne le second point, le premier consul, avec cet esprit absolu qui le distinguait, voulait d'abord en faire une sorte de *sacrement politique.* Il tenait à ce que l'adoption fût une image de la nature, ou plutôt, nous dit Locré, une institution qui détruisît celle de la nature : le fils ne devait plus connaître que son père adoptif; il devait même le préférer au père qui lui avait donné la vie. Un pareil système ne concordait pas avec nos mœurs; le premier consul, qui revenait avec autant de facilité de ses opinions extrêmes, qu'il avait été prompt à les concevoir, reconnut vite l'impossibilité morale de son opinion; et lors de la reprise de la discussion du code civil, après onze mois d'interruption, il accepta celle qu'il avait repoussée avec énergie, et dont l'origine se trouve dans la législation de Justinien et dans le code prussien.

C'est avec ce caractère tempéré que l'adoption est entrée dans nos lois. Institution toute de droit privé, elle a un double but : Par elle, nous dit Proudhon, l'orphelin retrouve un père, la faiblesse un protecteur, et la jeunesse un guide. Elle console par une paternité fictive ceux qui ont le malheur de ne pas avoir d'enfant ; elle est en même temps un moyen élevé de récompenser ceux qui se sont exposés à la mort pour sauver la vie de leurs semblables.

Le code, n'étant pas un ouvrage dogmatique, a édicté des règles éparses, qu'il nous faut coordonner ; aussi diviserons-nous notre sujet de la manière suivante :

Dans le premier chapitre, nous exposerons les conditions de fond requises pour l'adoption ordinaire ;

Dans le deuxième, nous présenterons les conditions de forme ;

Dans le troisième, nous examinerons la sanction de ces dispositions, ou les causes de nullité de l'adoption ;

Dans le quatrième, nous traiterons des effets de l'adoption ;

Dans un chapitre cinquième, nous exposerons les règles spéciales relatives à l'adoption rémunératoire ou privilégiée ;

Dans le chapitre sixième, nous parlerons de l'adoption testamentaire, suite de la tutelle officieuse.

CHAPITRE Ier.

DES CONDITIONS REQUISES POUR L'ADOPTION ORDINAIRE.

—

A. — CONDITIONS *ex parte adoptantis.*

(343, 344, 345, 355.)

1re CONDITION, art. 343. — L'adoption n'est permise qu'aux personnes de l'un ou de l'autre sexe, âgées de plus de cinquante ans. Ainsi constatons d'abord que la femme n'est pas incapable d'adopter; le législateur s'est exprimé formellement sur ce point, afin de lever toute espèce de doute qui eût pu surgir, à la suite de la comparaison de la législation romaine et de la nôtre.

Le motif de la condition d'âge est facile à donner; les personnes mariées qui, à cinquante ans, n'ont pas de descendance légitime, en attendront vainement une, suivant les plus grandes probabilités. La nature ne donnera pas à leur vieillesse la postérité qu'elle a refusée à leur jeunesse. « Quant aux célibataires, nous dit Berlier (Exposé des » motifs), il en est bien peu qui, après cinquante ans, son- » gent au mariage, et, disons plus, il est peu dans l'intérêt » social qu'ils y songent. »

Le code prussien (art. 669) a réservé au gouvernement la faculté d'accorder des dispenses d'âge à ceux que des infirmités physiques rendent sûrement incapables d'avoir des enfants. Notre loi ne renferme aucune disposition semblable, et ce serait tomber dans l'arbitraire que d'appliquer par extension l'article 145 relatif au mariage.

Nous aurions plutôt à en déduire un argument à *con-trario* ; M. Berlier déclarait nettement qu'on n'avait pas voulu laisser cette faculté au pouvoir, de peur qu'elle ne donnât ouverture à des applications abusives.

Nous regretterions cette lacune, si l'adoption avait l'importance du mariage.

Nous regretterions également l'assimilation absolue des deux sexes ; il est très-fréquent pour l'homme de devenir père à cinquante ans ; et l'on peut assurer, avec la certitude qui convient aux mortels, qu'une femme, à cinquante ans, ne donnera pas le jour à des enfants. Peut-être une disposition analogue à celle de l'article 144 n'eût-elle pas été superflue.

Le législateur ne distingue pas, ainsi que nous l'avons vu, entre les personnes mariées et les célibataires. Ce point fut vivement débattu, dans la discussion de notre titre, et le Tribunat proposa un amendement qui excluait les célibataires de cette faculté. Elle ne doit être, disait-il, qu'un remède au malheur de celui qui n'a pas été sourd aux salutaires insinuations de la nature. Berlier fit rejeter cet amendement, et fit valoir avec une élo-quence antique les considérations les plus justes. Les mariages qui se font à cinquante ans, disait-il, sont peu dans l'intérêt de la société. C'est peu connaître le cœur humain que de croire que la faculté d'adopter un jour encouragera le célibat, même à l'âge où l'ordre social invite au mariage ; la nature veille ici pour la société ; et de même qu'on aime mieux ses enfants que ceux d'au-trui, de même le mariage ne recevra aucune atteinte de l'adoption. Pourquoi donc enlever cette consolation à des hommes qui ne se seront souvent interdit le mariage que parce que des infirmités les auront avertis que cet état ne leur convient pas? L'expérience a donné tort au Tribunat, et l'on ne se marie ni plus ni moins, depuis la reconnaissance de cette liberté en faveur des célibataires.

2ᵐᵉ Condition. — A *l'époque de l'adoption, l'adoptant ne doit avoir ni enfants ni descendants légitimes* (343). L'image destinée à suppléer la réalité, dit élégamment Proudhon, ne doit pas concourir avec elle, ni les enfants de la fiction nuire aux droits acquis à ceux du mariage. Il suffit qu'à l'époque de l'adoption, l'adoptant soit sans postérité légitime ; s'il avait eu des enfants antérieurement, et qu'ils soient prédécédés, il faut décider sans hésitation, avec le texte de l'article 343, que ce contrat lui serait permis ; car celui-là qui a la douleur de voir la mort de ceux qu'il a procréés, est plus malheureux et a besoin de plus de consolation que celui qui ne reproche à la nature que son impuissance ou sa stérilité. Notons pareillement avec le même texte que l'existence d'un ou de plusieurs enfants naturels ne serait pas un obstacle à l'adoption. Un père naturel n'a pas, quoi qu'en aient pu dire quelques ouvrages de morale malsains, la même affection pour ses enfants qu'un père légitime. La pureté du sentiment a de l'influence sur son étendue ; le législateur français s'est d'ailleurs montré, à leur égard, d'une sévérité parfois excessive, et l'esprit de la loi, conforme à la lettre elle-même, fortifie notre manière de voir. Ajoutons à cela que les incapacités ne peuvent être établies par l'interprétation.

En ce qui concerne l'existence des enfants adoptifs, elle pourrait soulever quelque difficulté. On ne peut reprocher aucune absurdité au syllogisme suivant. L'enfant adoptif a les mêmes droits qu'un enfant légitime : or l'en-

fant légitime, qu'a eu l'adoptant, l'empêche de prendre
cet engagement solennel; donc, etc. A coup sûr, ce raisonnement aurait pu décider le législateur, qui eût tenu
à calquer la fiction sur la réalité. Mais une pareille thèse,
en droit positif, serait une erreur des plus condamnables.
1° L'article 348 autorise implicitement l'adoption de plusieurs enfants, puisqu'il prohibe entre eux le mariage ;
2° le Tribunat, dans ses observations (Poncelet, p. 233,
discussion du code civil) fait remarquer au conseil d'Etat
qu'on avait proposé d'ajouter après l'article 344 une disposition ainsi conçue : « Nul ne peut avoir plus d'un
enfant adoptif. » La section du même corps politique,
après une forte discussion, n'accueillit pas la proposition,
car « elle n'a point trouvé de raisons qui dussent s'oppo-
» ser à la multiplicité des enfants adoptifs ; qu'un adopté
» ne devait pas avoir plus de faveur qu'un enfant naturel,
» qui est dans le cas d'avoir des frères ou sœurs.... que
» la multiplicité des enfants adoptifs est un moyen d'a-
» doucir l'irrévocabilité de l'adoption.... qu'enfin de nou-
» velles adoptions ne pouvaient être regardées comme
» une fraude à la première, puisque, étant permises,
» l'adopté a dû les prévoir. » Ce n'est donc pas seulement le texte brutal de la loi, qui dicte impérieusement
notre solution.

Mais la survenance d'enfants postérieurement à l'adoption ne porterait aucune atteinte aux droits acquis,
qu'elle a créés ; il est de l'intérêt social que l'état des
familles soit fixe et indépendant des caprices du hasard.
Ce principe va nous servir à résoudre la question suivante : Une personne légitime son enfant naturel, la légitimation empêche-t-elle toute adoption ? Distinguons : si
elle n'intervient qu'après le contrat dont nous parlons,

elle ne lui nuira en rien, et le laissera debout. Mais une adoption ne pourrait avoir lieu postérieurement à la légitimation.

Que faudrait-il décider dans l'espèce où un enfant conçu avant l'adoption naîtrait postérieurement ? Le fait est reconnu constant par les hommes de l'art ; ainsi l'adoption peut être consommée dans l'espace de trois ou quatre mois ; et quelques semaines après l'adoptant devient le père d'un enfant légitime. La question est des plus délicates. Un professeur de la Faculté de Paris, dont les théories jouissent d'une grande autorité dans la science et dans la pratique, M. Valette, admet la validité de l'adoption. Voici comment il justifie sa manière de voir. D'abord, peut-il dire, les nullités ne sont pas l'œuvre de l'interprète ; le brocard romain, *potiùs ut valeat quam ut pereat*, est reproduit par l'article 1157 du code civil ; la loi garde le silence, nous la commentons en faisant produire à l'acte tous les résultats réguliers, vu l'absence de disposition formelle qui édicte la nullité ; 2° l'esprit du code civil veut que le sort des familles soit fixe et immuable ; or, l'adoption dépendrait d'événements fort incertains, tels que l'accouchement de la femme, la vie de l'enfant, si l'on penchait pour une opinion contraire ; 3° on ne peut pas blâmer l'adoptant d'avoir préféré un étranger à son enfant propre, puisqu'il ignorait la grossesse de sa femme.

Ces motifs ne me paraissent aucunement concluants, et nous croyons les réfuter suffisamment en disant : 1° que cet enfant à l'état d'embryon vit juridiquement ; il est habile à recueillir la succession de l'adoptant lui-même, s'il vient à décéder ; il peut recevoir des donations ; il existe, en un mot, et la nullité de l'adoption n'est pas arbitrairement prononcée par l'interprète, mais par l'article 343, qui déclare nettement que l'existence d'un enfant légitime rend toute adoption impossible.

Il est vrai que, dans l'article 314 du code civil, cet enfant conçu est censé non exister s'il naît non viable, mais cette disposition a pour cause une situation toute spéciale. A quoi bon exciter un grand scandale, à quoi bon afficher le déshonneur et l'adultère de la femme, si le fruit de ce crime n'a reçu qu'une vie imparfaite? L'axiome *infans conceptus pro nato habetur, quoties de commodis agitur*, existe donc encore aujourd'hui. Et l'article 314 lui-même nous fournit un argument, car la non recevabilité de l'action du mari de la mère est édictée contre ce dernier, et non contre l'enfant. Nous ne nions pas que notre système ne donne lieu à des débats obscurs. Les médecins seront-ils toujours entendus sur le point de savoir si l'enfant était conçu ou non à l'époque de l'adoption; ou, dans certaines hypothèses, pourra-t-on recourir aux présomptions établies dans les articles 312, 315, aux termes desquels la plus courte gestation est de cent quatre-vingts jours, et la plus longue de trois cents jours?

Il faut distinguer, à notre avis du moins. Y a-t-il une question de légitimité liée à celle de l'adoption, on sera naturellement obligé de recourir aux présomptions des art. 312 et 315. Ainsi, supposons les circonstances suivantes : Dans les 24 heures de l'adoption, l'adoptant décède, et deux cent quatre-vingt-dix-huit jours après ce décès, avant l'expiration du délai légal de la conception d'un enfant légitime, la veuve devient mère : la légitimité de son enfant ne peut être contestée ; il a pour père, aux yeux de la loi, l'adoptant décédé ; l'adoption devra donc être rétroactivement annulée. En dehors de ces cas un peu extraordinaires, les présomptions des articles sus-indiqués ne seraient pas applicables, car elles sont *strictissimæ interpretationis*. Il y a d'autant moins lieu de décider autrement, que souvent ces présomptions démentent la réalité des faits, et que le législateur a prolongé à dessein la durée de la gestation, pour sauver l'honneur des mères et éviter le scandale.

L'absence présumée ou déclarée d'un enfant légitime est-elle un obstacle à l'adoption ? Nous le pensons ainsi ; il y a sans doute une certaine présomption de mort, mais cet état n'est pas prouvé. Le père de cet enfant invoque le défaut d'enfant légitime, pour avoir la capacité d'adopter ; il doit légalement prouver cette inexistence d'enfant légitime ; l'incertitude n'est pas une preuve ; et s'il ne peut justifier sa demande, comme tout demandeur, il doit être débouté de ses prétentions. Aussi nous le déclarons incapable d'adopter.

D'autre part, si, contrairement à cette prohibition (la loi n'est pas toujours connue, ni bien commentée par ceux qui sont chargés de l'appliquer), l'adoption s'est réalisée, il faut, à notre sens, distinguer deux situations bien différentes.

1re Hypothèse. — L'existence de l'absent est prouvée à l'époque où le contrat a eu lieu, la nullité de ce contrat ne peut faire l'objet d'un doute, pour violation de l'article 343.

2me Hypothèse. — L'existence de l'absent est incertaine. L'adoption doit être maintenue, car le demandeur en nullité de l'adoption n'est pas en mesure de prouver l'infraction à la condition, qui demande l'existence d'une postérité légitime. Qu'il démontre la vie de l'absent à l'époque où l'adoption a eu lieu, et dès-lors sa réclamation devra triompher.

Toutes ces décisions ne sont pas seulement les conséquences des principes généraux, mais elles sont calquées sur certaines dispositions de la loi, dans une matière analogue.

Le conjoint de l'absent ne peut se remarier, s'il ne prouve le décès de celui-ci ; mais s'il parvient à passer outre, la nullité de ce second mariage ne peut être prononcée que sur la preuve de l'existence de l'époux absent.

3ᵐᵉ Condition. — *L'adoptant doit avoir quinze ans de plus que l'adopté.* C'est un vestige de la règle si puissante à Rome : *Adoptio naturam imitatur.* Les applications en ont été respectées par le code, toutes les fois qu'elles ne choquaient pas les exigences de nos mœurs. Cette condition peut se justifier d'ailleurs par une considération plus élevée. L'adoptant devient un guide pour l'adopté ; et si ce dernier était plus âgé, il serait en vérité le protecteur de celui qui doit le protéger.

4ᵐᵉ Condition. — *Nul époux ne peut adopter qu'avec le consentement de l'autre.* Si la femme veut adopter, cette disposition est conforme à la règle générale ; mais n'est-il pas singulier, anormal, que le mari ait besoin de l'assentiment de sa femme? A coup sûr, c'est l'unique exemple de nos lois, où le mari doit consulter sa femme pour agir personnellement.

Le conseiller d'État Perreau motivait ainsi l'article 344 : « Cela est conforme à l'obligation de maintenir entre les époux cette harmonie qui fait le bonheur de leur union. » Ces paroles sont un peu vagues, et ont besoin d'être complétées par celles du citoyen Gary, plus explicatives : « Celui qui est adopté devant porter le nom et suivre la destinée de celui qui l'adopte, il est naturel que le compagnon de cette destinée soit consulté. L'enfant adoptif, vivant habituellement dans la maison commune, ne doit y prendre place qu'avec l'agrément de l'autre époux. »

L'article ne distingue pas si les époux sont ou non séparés de corps, *et jure fecit*. Effectivement le législateur doit encourager la réconciliation des époux ; et le mari, en adoptant et en se passant de l'assentiment de son conjoint, eût envenimé fatalement la discorde conjugale, par l'introduction d'un étranger dans sa famille.

Toutes ces raisons ne nous paraissent pas encore suffisantes ; l'adoption peut atteindre gravement les conventions matrimoniales des deux époux, compromettre les espérances que le conjoint de l'adoptant peut concevoir sur les biens de celui-ci. Ainsi l'adopté, comme nous le verrons plus tard, pourrait réclamer la réduction des donations faites par l'adoptant à son conjoint. Ce motif, essentiellement pécuniaire, a échappé aux regards ordinairement plus clairvoyants des tribuns et des conseillers d'État.

Quelques interprètes prétendent, avec le code lui-même, qu'une exception a été admise par l'article 366, aux termes duquel l'adoption testamentaire peut avoir lieu, sans qu'il soit indispensable de consulter le conjoint. Cela nous paraît inadmissible, à cause de ce dilemme : ou la tutelle officieuse est postérieure au mariage, et alors l'article 362 exige formellement le consentement de l'autre époux ; ou, au contraire, la tutelle officieuse est antérieure au mariage; mais est-ce que l'époux du tuteur officieux n'a pas accepté tacitement sa position, en consentant au mariage ?

Par analogie, nous déclarons applicables les articles 36 et 37 du code civil.

Le code prussien requiert également le consentement des père et mère de l'adoptant. Notre loi n'a pas jugé à propos d'édicter une pareille disposition. A 50 ans, on est affranchi de toute obligation (sauf le cas de l'art. 371). Il est assez rare d'adopter juste à cet âge, et d'avoir encore les auteurs de ses jours. Ajoutons que des dispenses d'âge peuvent être accordées en Prusse, et cette prescription a sa raison d'être. M. Demolombe regrette qu'on n'ait pas imposé à l'acceptant l'obligation de demander le consentement de ses père et mère, lorsqu'il s'agit surtout de l'adoption rémunératoire, qui peut être faite par un individu simplement majeur. Ces circonstances sont si rares, le refus du père de l'adoptant serait si ridicule, que le législateur n'a peut-être pas eu grandement tort de ne pas se préoccuper de ces hypothèses chimériques.

5° CONDITION — *L'adoptant doit avoir donné à l'adopté, au temps de sa minorité, des soins non interrompus pendant six ans au moins.* L'adoption ne doit pas être le résultat d'un caprice, ni d'une surprise ; le législateur doit éviter aux parties des regrets stériles, en établissant certaines difficultés de contracter des liens indissolubles. « Le but de cette disposition, disait Gary, est de s'assurer que celui qui demande à la loi de lui conférer le titre de père en a déjà les sentiments. Ce n'est pas en effet, ajoutait-il, pour un individu déjà parvenu à

sa majorité qu'on éprouve pour la première fois des sentiments de père. On les accorde d'abord à la faiblesse, aux grâces, à l'ingénuité, à la candeur de l'enfance.......
On n'aime comme son enfant que celui qu'on a protégé, secouru, élevé dès le premier âge, dont on a vu par ses soins se développer et croître les facultés physiques et morales, dont on regarde enfin l'existence comme son propre ouvrage. »

Nous avons tenu à bien faire ressortir ce point, parce que dans certains ouvrages on n'indique pas avec assez de netteté le motif de la première partie de l'article 345.

6ᵐᵉ Condition. — Article 353. 1° *L'adoptant doit jouir d'une bonne réputation.* Cette disposition nous vient du droit romain, où elle était si nécessaire. Qui ne connaît les débauches si tristement célèbres, dans lesquelles se jetèrent les descendants des Cincinnatus et des Caton, que chantaient même des poëtes de talent, et que flétrissait à juste titre l'hyperbole indignée de la satire ? Le code a redouté la dissolution des mœurs ; ce sentiment était même un grief contre l'adoption ; aussi un examen sur la moralité de l'adoptant a été confié aux tribunaux : « sage disposition, disait Gary, qui fait de l'adoption le prix et le partage exclusif de la probité et qui éloigne à jamais la crainte qu'elle puisse servir de voile à des combinaisons réprouvées par la morale. »

Faisons observer que les magistrats sont investis d'un pouvoir discrétionnaire, qu'ils sont dispensés de motiver leur opinion ; c'est officieusement et sans aucune procédure que les juges se procurent les renseignements destinés à les éclairer.

B. *Ex parte adoptati*. Conditions du côté de l'adopté.

1re CONDITION. — *Il faut que l'adopté soit majeur.* Cette disposition est conforme aux principes généraux (art. 1124).

Au majeur seul, en thèse ordinaire, appartient le droit de contracter des liens indissolubles.

Dans l'origine, il avait été résolu de permettre l'adoption des mineurs ; mais, après de plus mûres réflexions, on édicta la prescription contraire. Voici le motif de ce revirement d'opinion, nettement signalé par le tribun Gary : « Il est nécessaire qu'une adoption soit irrévocable à l'instant même où elle est formée, ce qui serait impossible s'il était permis d'adopter les mineurs ; car alors il faudrait leur réserver la liberté, quand ils seraient parvenus à leur majorité, de renoncer à l'adoption ou de la confirmer. Aussi l'adoption serait irrévocable d'une part et révocable de l'autre. C'est ce que ne permet pas le grand intérêt d'établir sur des bases fixes et immuables tout ce qui tient à l'état des hommes et au sort des familles. »

Cependant, aux termes de l'article 148, un mineur à 18 ans, une mineure à 15 ans, peuvent contracter mariage. Sans doute, mais nous ferons observer : 1° que le mariage n'était pas indissoluble, à l'époque de la rédaction du code civil ;

2° Le mariage est une des conditions essentielles de la famille, et la famille, de la société. Or, dès que l'homme a atteint son développement physique, le législateur non-seulement pouvait, mais devait même l'autoriser à contracter cette union. L'intérêt des mœurs est si évident, qu'il nous paraît inutile d'en dire davantage pour montrer la cause de la dérogation à l'article 1124.

2ᵐᵉ Condition. — *L'adopté est obligé de rapporter le consentement de ses père et mère à l'adoption, s'il n'a point accompli sa vingt-cinquième année, et de requérir leur conseil, s'il est majeur de vingt-cinq ans.*

C'est la reproduction de la règle établie pour le mariage. Le citoyen Gary motivait bien cette obligation. « L'adoption est, de la part de l'adopté, comme le mariage même, une sorte d'aliénation de sa personne. Son entrée dans une famille étrangère, dont il va ajouter le nom au sien propre, est un acte qui intéresse d'assez près sa famille naturelle, pour qu'il ne puisse rien faire avant vingt-cinq ans, sans l'autorité du chef. Lors même qu'il a passé cet âge, il doit requérir le conseil de son père qui, averti par cette réquisition, prend, auprès des tribunaux qui interviennent dans l'adoption, les mesures que lui prescrivent sa sagesse et l'intérêt de sa famille. C'est une nouvelle sanction donnée à cette puissance tutélaire, à cette magistrature antique et révérée, l'unique appui des mœurs privées, le plus solide fondement des mœurs publiques. »

Cette disposition présente une très-grande analogie avec celle qui est requise par la loi pour le mariage ; elle en diffère sous divers rapports :

1° Tandis qu'en cas de dissentiment pour le mariage, le consentement du père suffit, les consentements du père et de la mère sont cumulativement indispensables pour l'adoption ;

2° Tandis que, pour le mariage, la fille n'est tenue d'obtenir le consentement de ses père et mère que jusqu'à l'âge de vingt-un ans, l'article 346 ne fait aucune différence entre le fils et la fille. Le jugement plus sûr du père et la gravité du mariage expliquent suffisamment ces anomalies apparentes. A défaut des père et mère, la loi n'exige pas pour l'adoption, comme elle le fait pour le mariage, le consentement des ascendants du degré supérieur. Après l'âge de vingt-cinq ans, un seul acte respectueux suffit pour l'adoption, sans distinction entre le fils et la fille, tandis que, lorsqu'il s'agit du mariage, trois actes respectueux sont nécessaires pour le fils, âgé de vingt-cinq à trente ans.

L'époux qui se donne en adoption a-t-il besoin du consentement de son conjoint ? On pourrait soutenir la négative, en déduisant de l'article 346 un argument *à contrario* ; mais cette interprétation violerait ouvertement des principes incontestables.

La femme, en thèse générale, a besoin de l'autorisation de son mari, pour être habile à contracter ; il faut donc décider qu'elle devra le consulter (217).

Et du moment que nous invoquons les principes généraux, nous devons les appliquer dans leur ensemble, et conclure que les tribunaux peuvent suppléer au défaut de consentement du mari. Mais le mari a-t-il besoin de l'autorisation de sa femme ? La question est singulière, j'en conviens, mais elle naît forcément de la comparaison de la deuxième partie de l'article 344, et de l'article 346. Nous devons sans hésiter décider la négative. L'article 344 est une disposition exceptionnelle qui ne peut être étendue, *exceptiones sunt strictissimæ interpretationis.* Sans doute, cette faculté laissée au mari pourra contrarier les espérances de sa femme, mais celle-ci devait s'y attendre ; et s'il lui est désagréable de porter un nom nouveau, elle devait compter sur ce fâcheux inconvénient, à l'époque de son mariage. D'ailleurs elle peut faire des observations officieuses au tribunal, qui jouit (art. 356) d'un pouvoir discrétionnaire.

3ᵐᵉ Condition. — *Nul ne peut être adopté par plusieurs,· si ce n'est par deux époux* (344, Iʳᵉ partie). M. Malleville (Analyse du code civil, tome Iᵉʳ) dit avec raison : « On sent bien qu'un enfant ne peut avoir deux pères, *adoptio naturam imitatur*. L'exception est également conforme à la nature, dont l'adoption est l'image.

Un motif plus sérieux peut encore être donné ; rappelons-nous que le principal grief adressé à l'adoption était d'encourager le célibat, et si l'on eût autorisé l'adoption d'une même personne, par un homme et une femme qui ne sont pas époux, cette faculté eût pu éloigner les parents naturels du mariage, en se présentant à eux comme une espèce de légitimation.

Si l'adoptant était mort, l'adopté ne pourrait pas être l'objet d'une nouvelle adoption de la part d'une autre personne que le conjoint de l'adoptant primitif; l'article 344 est trop formel ; et d'ailleurs les motifs de la prohibition survivent ; la mort n'éteint pas la première adoption.

Nous avons parcouru les diverses conditions requises par le législateur, d'une façon toute spéciale pour l'adoption ; il est évident que l'existence des conditions communes à toutes les conventions est aussi exigée. Le consentement des parties doit être pur de tout vice ; un interdit ne pourrait adopter, etc.

Mais des discussions très-vives s'élèvent sur les trois points de savoir, si un prêtre catholique peut adopter ou non, si un étranger peut être adopté en France, ou y adopter, si un enfant naturel reconnu peut être adopté par son père naturel.

Première question. — *Un prêtre catholique peut-il adopter ?* Nous admettons sans hésiter l'affirmative, pour plusieurs motifs.

1° Les incapacités civiles sont de droit étroit, le commentateur ne doit point les établir ; or aucun texte formel ne refuse au prêtre la faculté d'adopter ; donc, etc.

2° Toutes les religions reconnues par l'État ont des droits égaux au point de vue de la législation civile ; un protestant peut civilement devenir catholique, et réciproquement, quoique, aux yeux de la communion qu'il quitte, il ne puisse changer de foi sans tomber dans l'erreur. Or ce droit, corollaire de la liberté de conscience formellement garantie par la constitution de 1852, ne serait plus qu'un vain nom, si un prêtre catholique, alors qu'il a été ordonné, ne pouvait revenir à la religion juive ou protestante, qu'il a commencé par renier.

Ce motif, qui nous décide à permettre aux prêtres de se marier, nous entraîne également à leur reconnaître la capacité d'adopter.

3° Mais admit-on même l'impossibilité pour le prêtre de se marier, il n'en faudrait pas conclure pour cela à l'incapacité d'adopter ; car un prêtre peut avoir des enfants légitimes sans violer aucune loi, même religieuse. Un veuf, qui est plusieurs fois père, peut être ordonné prêtre.

4° Mais, nous dit-on, le prêtre, ne pouvant se marier après son ordination, ne peut être père après cette ordination. Or, dans l'hypothèse que vous nous indiquez, il est devenu père avant son ordination, et non après. Nous répondons : sans doute, en supposant que le prêtre ne puisse se marier, il ne pourra devenir père d'enfants légitimes. Sa position est assimilée à celle du célibataire, or ce dernier ne peut procréer une postérité légitime, et il peut adopter. De même en sera-t-il du prêtre, qu'aucun texte de loi n'empêche d'adopter. On prétend, toutefois,

qu'une pareille faculté détournerait le prêtre de sa
mission de dévouement, que son caractère lui impose.
Et, citant à ce propos le célèbre mot de M. de Cormenin,
on nous dit : « qu'il ne doit avoir d'autre épouse que
l'Église, d'autre famille que l'humanité, et d'autres enfants que les pauvres. »

Nous répondons que nous ne faisons pas la loi, mais
que nous l'interprétons, et même, en nous avançant sur
le terrain moral où l'on nous place, ne pouvons-nous
pas dire qu'il y aurait une injustice criante à refuser cette
consolation au prêtre que l'âge ou des infirmités ont
obligé d'abandonner le saint ministère, qui cherche dans
l'adoption un moyen de combler le vide de la famille,
surtout quand la cause de cet abandon complet se trouve
précisément dans l'abnégation honorable dont il a fait
preuve.

Nous nous prévalons également de l'autorité d'un
martyr de la foi catholique, de l'autorité de Mgr Affre,
archevêque de Paris, qui déclarait nettement, dans
une lettre célèbre du 2 juin 1841, qu'aucune loi cano-
nique ne défendait l'adoption par le prêtre.

Deuxième question. — *L'étranger peut-il figurer acti-
vement ou passivement dans une adoption ?* Un savant jurisconsulte de notre époque, M. Demolombe, admet qu'on
ne doit reconnaître cette capacité qu'aux nationaux ; le
code, dit-il, n'accorde aux étrangers que les droits
civils expressément ou implicitement désignés. Quant
à nous, nous pensons, avec M. Valette, que les étrangers
jouissent en France des mêmes droits civils que les
Français, pourvu que la loi ne les leur ait pas formellement retirés.

Tout le monde admire l'honorable initiative de la
grande Assemblée constituante, qui foula aux pieds les
préjugés mesquins, séparant les nations, reconnut une
capacité complète aux étrangers, et les assimila, pour la
jouissance des droits civils, aux regnicoles. Les souverains
de l'Europe répondirent à ces généreuses avances, par de
longues et sanglantes guerres. Le premier consul, à
l'époque de la rédaction du code civil, ne voulut pas que
la France fût dupe de son caractère magnanime, et sans
rétablir les droits d'aubaine et de détraction proprement
dits, fit édicter l'incapacité de succéder en France pour
les étrangers, et diverses autres restrictions au droit
commun. Mais par cela même que des textes existent,
qui prononcent ces dérogations, nous devons sans
hésitation conclure que dans toutes les hypothèses
où la loi garde le silence, nous sommes obligés de
nous prononcer pour la capacité. Les travaux préparatoires consacrent indubitablement notre manière de
voir. Le Tribunat, dans la crainte d'une controverse,
crainte qui ne s'est pas moins justifiée pour cela, demandait que l'on énumérât limitativement quels étaient les
droits dont la jouissance n'appartenait pas aux étrangers :
« Les droits dont les étrangers seront privés, dit un
tribun, non moins célèbre comme homme politique que
comme jurisconsulte, M. Grenier, seront marqués dans
les titres du code qui y auront trait. On ne les oubliera
certainement pas, lorsqu'il sera question de la faculté de
tester, de la capacité de recevoir par testament, de succéder, etc. » Or, aucune exclusion n'a lieu dans le titre de
l'adoption, à l'encontre des étrangers ; donc c'est tout à
la fois entrer dans l'esprit du législateur, et nous montrer généreux, en dépit de toute ingratitude, que de leur

reconnaître le droit d'adopter et d'être adoptés (14, 16, 926, 912 du code Napoléon, 905 du code de procédure civile).

Si nous nous séparons de M. Demolombe pour cette question, nous sommes au contraire un partisan très-ardent de sa doctrine pour la troisième question : *Un enfant naturel reconnu peut-il être adopté par le père ou la mère qui l'a reconnu ?...* Il est peu de controverses juridiques aussi célèbres. Les deux plus grands jurisconsultes des temps modernes, deux rivaux dignes l'un de l'autre, Toullier et Merlin, suivis dans cette voie par Grenier, ont tour à tour soutenu la validité ou la nullité de l'adoption.

Les vacillations de la jurisprudence contribuent aussi à augmenter la perplexité ; par un arrêt du 28 avril 1841, la chambre civile de la cour de cassation, confirmant la doctrine de quinze cours d'appel sur dix-neuf, admit que le code ne contenait sur ce point aucune prohibition. Deux ans plus tard, le 16 mars 1843, la même chambre se déjugea, et, démentant la première décision, déclara cette adoption illégale. Et c'est aussi notre avis, ainsi que nous allons essayer de l'établir, après avoir déblayé le terrain de la lutte des questions oiseuses qui ne font ou ne doivent faire aucun doute.

D'abord, il nous paraît constant qu'un enfant naturel non reconnu peut être adopté par son père. Effectivement, ce fait de paternité naturelle n'existe pas juridiquement, tant que la preuve propre à le constater n'en est pas administrée. Ce résultat n'est pas aussi déplorable qu'il peut le sembler ; on peut dire, en ne considérant cette solution que superficiellement, qu'un père assez dénaturé pour abandonner son enfant, jouira d'une prérogative refusée à celui qui souffre et lutte contre l'opinion du monde ; à celui qui avoue sa faute, la répare autant que possible ; à celui qui, non content de reconnaître ce fils naturel, le comble de soins et d'attentions. Ce résultat n'est pas aussi déplorable qu'il le paraît. En effet, l'homme qui cache ses désordres cause à la société une perturbation moindre que celui qui les affiche ouvertement. De même, dans le cas où un enfant adultérin ou incestueux n'aura pas été reconnu, il pourra être adopté par son père naturel.

Nous pouvons maintenant motiver l'opinion que nous avons indiquée ci-dessus.

Nous invoquons d'abord le témoignage de M. Malleville, l'un des rédacteurs du code civil, qui s'exprime ainsi dans son Analyse, page 316 : « Que serait-ce l'adoption d'un enfant qu'on aurait déjà reconnu pour sien ? Ce sont les enfants d'autrui que la loi permet d'adopter, non les nôtres : *quod meum est ampliùs meum fieri non potest.* On peut dire, il est vrai, que c'est une qualité de plus qu'on donne à l'enfant naturel par l'adoption, et que d'insuccessible, de bâtard qu'il était, on veut le rendre légitime ; mais c'est précisément ce que la loi ne veut pas. Elle n'admet qu'un mode de rendre les enfants naturels à la légitimité, c'est le mariage subséquent avec leur mère ; ce cas excepté, il est impossible de leur transférer une qualité qu'elle refuse, et de les rendre successibles, lorsqu'elle leur interdit tout autre moyen direct ou indirect de le devenir. »

Aussi tout autre sentiment est incompatible avec le caractère essentiel de l'adoption, ayant pour but de créer des relations de paternité et de filiation. Or ces relations existent déjà, l'adoption se trouve inutile et impossible, *qui filius meus non est, ad vicem filii redigitur.*

Aucun texte, nous dit-on, ne prononce la nullité d'une pareille adoption ; nous le regrettons vivement, car si la loi avait prévu cette hypothèse, nous n'aurions pas alors à combattre l'erreur de nos adversaires. Mais une disposition formelle n'était pas nécessaire, à cause précisément du caractère de l'adoption. Y a-t-il un texte qui prononce la nullité du mariage entre deux individus du même sexe ? Un texte prononce-t-il la nullité d'un mariage, ou d'une adoption faite à terme ou sans condition ? Un texte prononce-t-il la nullité de l'adoption d'un mari par sa femme ? Or, s'il y a impossibilité, s'écrie avec raison M. Demolombe, à ce qu'on soit à la fois civilement le mari et le père de la même femme, il y a incompatibilité non moins substantielle à ce que celui qui est père d'un enfant puisse le devenir, et acquérir une qualité qui lui appartient déjà. Ajoutons à ce motif la raison décisive donnée par un de nos professeurs de l'école d'Aix. En admettant la légalité de cette adoption, disait-il à juste titre, aucun effet nouveau n'en découlerait, si ce n'est la violation des articles de la loi.

L'adoption établit l'obligation d'aliments, des empêchements au mariage, etc.; tous ces effets existent déjà, en ce qui concerne l'enfant naturel, et proviennent de sa reconnaissance ; bien plus, il porte le nom de son père. Ce que l'adoption lui conférerait, ce serait le droit de recueillir au-delà de sa part fixée par l'article 908. L'adoption laisse le fils adoptif dans sa famille naturelle, elle ajoute et ne remplace pas. La qualité de fils naturel subsisterait donc, et ne serait pas effacée par l'adoption qui ne change en rien sa position vis-à-vis de sa famille naturelle.

Ces arguments nous paraissent concluants, et c'est

peut-être parce qu'on a voulu les accompagner d'autres moins décisifs et donnant une prise facile à la réfutation, que l'incertitude plane encore sur cette question.

Avant de clore notre premier chapitre, faisons observer que la non conformité de sexe entre l'adoptant et l'adopté n'est pas un obstacle à l'adoption ; nous prétendons aussi que deux époux peuvent être adoptés séparément par deux conjoints, contrairement à Duranton et Odilon Barrot (Encyclopédie du droit, nº 18; Grenier, De l'adoption, nº 30), nous pensons que deux époux peuvent être adoptés par le même individu. Le texte de l'article 348 n'a pas trait à cette hypothèse ; il se borne à déclarer le mariage impossible entre les enfants adoptifs de la même personne, parce que, disait avec raison Berlier, « l'affinité morale établie par l'adoption entre les personnes de cette qualité, et les rapports physiques que la cohabitation fait naître entre elles, prescrivaient de ne point offrir d'aliment à leurs passions par l'espoir du mariage. »

CHAPITRE II.

DES CONDITIONS EXTRINSÈQUES OU DES FORMES DE L'ADOPTION.

—

Les formes de l'adoption sont au nombre de trois principales, savoir :

1º La manifestation du consentement des parties en présence du juge de paix du domicile de l'adoptant, qui en dresse acte (353-355) ;

2º L'homologation du contrat d'adoption par la justice (355-359) ;

3° L'inscription de l'adoption sur les registres de l'état civil (359-360).

1ʳᵉ Formalité. — *La personne qui se propose d'adopter et celle qui voudra être adoptée, se présenteront devant le juge de paix du domicile de l'adoptant, pour y passer acte de leurs consentements respectifs* (353).

La plupart des contrats dans notre législation sont purement consensuels; les deux contrats de mariage, relatifs, l'un aux biens, l'autre aux personnes des futurs époux, la donation, l'hypothèque et l'adoption, sont les seuls contrats solennels que nous connaissions. La promesse d'adoption serait sans doute valable, et son inexécution donnerait lieu à des dommages-intérêts, soit déterminés par le juge, soit tarifés préalablement au moyen d'une cause pénale ; tout inaccomplissement d'une obligation de faire licite aboutit fatalement à cette conséquence juridique. Mais pour qu'il y ait un contrat d'adoption réel, irrévocable, cette formalité est nécessaire. Une fois la loi satisfaite sur ce point, les parties sont tellement liées, que l'une d'elles ne pourrait se départir de la convention sans le consentement de l'autre, eût-elle même une raison légitime pour le faire, l'adoptant eût-il, par exemple, à se plaindre de l'ingratitude de l'adopté.

Une action judiciaire intentée par l'une d'elles dans ce but, serait tout aussi impuissante.

Sans doute l'existence de l'adoption dépend d'autres solennités, puisque la loi les exige avec autant de rigueur, mais l'une des parties pourra seule en poursuivre l'accomplissement, en dépit de l'autre et quand elles auront été toutes observées, c'est du jour de ce concours de volontés, constaté par le juge de paix, que datera légalement l'adoption (1179, De la condition suspensive).

Le juge de paix compétent est celui du domicile de l'adoptant. L'adoption a lieu surtout dans l'intérêt de l'adopté; celui-ci va se trouver, du reste, dans une position de respectueuse gratitude vis-à-vis de son père civil. Les convenances, en même temps que les règles du droit, commandaient que ce dernier ne se déplaçât pas. Ajoutons à ces considérations, que les tribunaux du domicile de l'adoptant (354, 357) sont appelés à décider s'il y a lieu ou non à l'adoption. La procédure doit commencer là où elle doit se terminer.

Nous ne croyons pas, avec M. Grenier, qu'il soit indispensable que les parties comparaissent en personne devant le juge de paix (n° 18, De l'adoption).

Il se fonde sur le texte de l'article 353, qui ne nous semble pas du tout exclure la faculté de droit commun (1984) de se faire représenter par un mandataire dans les actes de la vie civile. L'article 36 l'autorise aussi lorsqu'il s'agit des actes de l'état civil. Il est vrai que, pour se marier, une procuration *ad hoc* serait insuffisante pour d'autres personnes que les souverains, mais l'article 75 exige avec plus de netteté la comparution personnelle; car comment les époux entendraient-ils la lecture du chapitre VI du titre du mariage, s'ils n'étaient présents?

D'ailleurs, la gravité du mariage explique cette dérogation à la règle générale, et l'on ne comprendrait pas pourquoi la personne que des infirmités auraient empêchée de se faire transporter au chef-lieu du canton, ne pourrait adopter.

Toutes les conditions requises par le législateur doivent être réunies au moment de la comparution, mais faut-il, en outre, qu'elles continuent jusqu'à la fin de la procédure ? Cette question est des plus controversées, et toutefois nous ne croyons pas qu'il soit permis d'hésiter, car la loi elle-même nous fournit l'élément de la solution. L'article 360 est ainsi conçu : *Si l'adoptant venait à mourir, après que l'acte constatant la volonté de former le contrat d'adoption a été reçu par le juge de paix*, et porté devant les tribunaux, et avant que ceux-ci eussent définitivement prononcé, *l'instruction sera continuée, et l'adoption admise s'il y a lieu.* Ainsi la mort de l'adoptant, qui est à coup sûr, pour ainsi dire, la plus capitale des incapacités dont il puisse être frappé (la mort civile n'en étant en quelque sorte qu'une image adoucie), n'exerce en droit par aucune influence sur la destinée de ce contrat. Les tribunaux, en fait, peuvent tenir compte de cet événement, et refuser avec moins de difficulté l'homologation. Par analogie, ne devons-nous pas décider qu'il doit en être de même de la cessation des autres conditions ?

2° L'article 353 nous fournit également un argument décisif ; il demande chez l'adoptant l'absence de descendants légitimes, à l'époque de l'adoption qui pour l'adoptant a lieu, ainsi que nous venons de le voir, au moment où le juge de paix dresse acte du consentement. Et pourquoi déciderait-on différemment si l'adopté prédécédait ? L'article 360 n'a pas prévu cette hypothèse, parce qu'elle est peu probable, et le législateur statue ordinairement *de eo quod plerumque fit.* Si la mort de l'adopté n'est par cela même d'aucune importance sur l'existence de l'adoption, il faut dès-lors conclure qu'il en sera de même s'il ne réunit plus les autres qualités.

Notre opinion peut se résumer en ces termes : il suffit que les diverses conditions existent au jour de la réception du contrat par le juge de paix.

Mais ici on nous fait une objection, et l'on nous dit, suivant le texte de l'article 360 : il est indispensable que la vie de l'adoptant se prolonge jusqu'à la remise de l'expédition de l'acte au procureur impérial. Nous ne croyons pas être obligé de nous asservir à la lettre brutale de la loi ; nous pensons que les mots « et porté devant les tribunaux » ont été glissés par erreur dans la rédaction définitive. L'acte qui renferme la volonté de l'adoptant et de l'adopté doit être porté dans les dix jours, c'est-à-dire presque immédiatement, et la loi s'est bornée à prévoir simplement l'hypothèse moins chimérique, où l'adoptant vient à mourir dans le cours de l'instruction, dont la durée n'est pas limitée. Notons encore que le concours de l'adoptant n'est pas nécessaire pour la continuation de l'instruction qui est abandonnée aux soins de la partie la plus diligente, en dépit de la négligence, ou même de l'opposition de l'autre, le contrat étant irrévocable dès sa formation devant le juge de paix.

2ᵐᵉ Formalité. — *L'homologation du contrat d'adoption sera prononcée par la justice* (355-369).

« S'il ne s'agissait que d'un acte de l'état civil, disait M. Berlier (Exposé des motifs), gisant dans un fait simple, tel qu'une naissance, un décès, ou un mariage, il suffirait sans doute de s'adresser directement à l'officier de l'état civil pour le constater ; mais d'assez nombreuses conditions en forment l'essence, pour que leur examen soit la matière d'un jugement préalable. Ainsi, après une demande d'adoption reçue par le juge de paix, le tribunal de première instance et ensuite celui d'appel, sur le renvoi officiel et nécessaire qui lui sera fait de la procédure et du premier jugement, vérifieront si toutes les conditions de la loi sont remplies. » Les abus eussent été nombreux, et les dangers qu'opposaient les adversaires de l'adoption à ses partisans, eussent été certainement encourus, si la faculté d'adopter avait été abandonnée, sans contrôle, à quiconque eût eu la fantaisi d'y recourir. Aussi la discussion n'a jamais roulé que sar le point de savoir quelle autorité il fallait investir de cette prérogative.

Dans l'origine, on l'avait attribuée aux conseils de préfecture ; plus tard, on la transféra au pouvoir législatif, à cause de l'effet important qu'on voulait faire najtre de l'adoption. Quand on ne voulut plus qu'elle fût *un sacrement politique,* quand on ne voulut plus qu'elle opérât un changement radical de famille, on s'aperçut, avec M. Berlier, que l'intervention législative était tout à la fois une injustice et une inégalité. « Pourquoi, disait-il avec raison, c'est le corps législatif, et non, comme en Prusse, un tribunal qui prononcera l'adoption? Comment, au reste, méconnaître les analogies que présente le code lui-même dans quelques-unes de ses parties avec celle dont il s'agit ? Il dit, en effet, que l'autorité judiciaire ordonne la rectification des actes de l'état civil, admet le divorce. Qui redressera le pouvoir politique, s'il lèse ou favorise les personnes sur l'intérêt desquelles il aura à statuer ?

» Le recours au pouvoir législatif établit sinon une inégalité de droit, du moins une inégalité de fait. Les hommes riches ou en crédit ne seront pas arrêtés par ces difficultés. Mais assurément l'adoption n'existera que de

nom, pour la nombreuse classe des artisans et des habi-
tants de la campagne, si elle ne peut se consommer par
la seule intervention des magistrats locaux, ou placés à
peu de distance. »

Dans la deuxième rédaction, comme le rejet de
l'adoption avait eu surtout pour motif la nécessité de
l'intervention du pouvoir législatif, on fut d'avis de conférer cette attribution au pouvoir judiciaire.

L'existence définitive du contrat d'adoption est donc
subordonnée à la sanction de cette autorité. Elle consiste
1° dans l'homologation du tribunal de première instance
du domicile de l'adoptant. La loi a choisi ce tribunal,
parce qu'il lui est plus facile de se renseigner sur la moralité de l'adoptant ;

2° Dans l'homologation de la Cour impériale. A cet
effet, la partie la plus diligente demande une expédition
du contrat « qui dans les dix jours suivants sera remise
au procureur impérial près le tribunal de première instance dans le ressort duquel se trouvera le domicile de
l'adoptant, pour être soumis à l'homologation de ce tribunal. Art. 354. Le tribunal réuni en la chambre du conseil, et après s'être procuré les renseignements convena-
bles, vérifiera 1° si toutes les conditions de la loi sont remplies ; 2° si la personne qui se propose d'adopter jouit
d'une bonne réputation. » (Art. 355.) Après avoir entendu
le procureur impérial, et sans aucune autre forme de procédure, le tribunal prononcera, sans énoncer de motifs,
en ces termes : Il y a lieu ou il n'y a pas lieu à l'adoption.

D'où provient cette dérogation au droit commun ?
M. Berlier nous en donne le motif : « Si les tribunaux
sont appelés à rejeter quelquefois en cette matière des demandes imprudentes faites par des hommes sans mœurs,

il serait sans utilité de les muleter par une fâcheuse publicité. »

Des interprètes, en assez petit nombre, je l'avoue, mais dont l'opinion n'en est pas moins erronée, ont attribué au juge de paix cette prérogative. Evidemment le juge de paix n'a pu être chargé de cette mission, car le texte concède formellement cet examen au tribunal de première instance, et la compétence du juge de paix serait complétement inutile. Quelle garantie y aurait-il, au point de vue des connaissances et des lumières, de donner ce pouvoir à un homme seul, qui dans les campagnes souvent n'applique pas les lois avec tout le discernement nécessaire, et qui surtout serait plus accessible à l'influence locale ? Tout ce qui résulte de l'art. 353, c'est que la fonction du juge de paix se réduit au rôle d'officier public, afin de donner à l'adoption l'authenticité. Il remplace purement et simplement le notaire.

Telle a été, sans doute, l'intention du législateur, qui n'a pu bouleverser les notions les plus certaines de la procédure. Car le jugement (ou plutôt l'acte de juridiction gracieuse) émané du tribunal de première instance n'est pas en dernier ressort, parce que ce tribunal pourrait se montrer plus facile ; et nous aurions, en admettant le système contraire, cette situation singulière de trois degrés de juridiction. Une pareille énormité, en matière civile, ne serait permise qu'en face d'un texte formel ; et certes on ne peut pas en trouver un dans la loi.

L'article 357 est ainsi conçu : « Dans le mois qui suivra le jugement du tribunal de première instance, ce jugement sera, sur les poursuites de la partie la plus diligente, soumis à la Cour impériale qui instruira dans les mêmes formes que le tribunal de première instance, et prononcera, sans énoncer de motifs : Le jugement est confirmé, ou le jugement est réformé. En conséquence, il y a lieu ou il n'y a pas lieu à l'adoption. »

Les juges ne sont assujettis à aucune des formes ordinaires de l'instruction et des jugements, dans l'intérêt de la réputation de l'adoptant, ainsi que nous l'avons vu ; nous pouvons dire aussi dans l'intérêt de la liberté de leur appréciation. Mais la chose doit devenir publique, lorsque l'adoption est définitivement admise, disait à juste titre le tribun Gary, car ici deux intérêts se présentent : 1° l'un, de faire connaître au public un changement dans l'état des citoyens ; voilà pourquoi le jugement en dernier ressort qui admet l'adoption, est prononcé à l'audience, et affiché partout où le tribunal le juge convenable (358). Le deuxième intérêt est que ce qui tient à l'état des hommes ne reste pas longtemps incertain et ne soit pas sujet aux variations ou aux caprices des individus.

De là, la cause de la troisième formalité, ainsi que nous le verrons tout à l'heure.

Avant d'arriver à cette matière, nous avons à examiner la question suivante qui divise les jurisconsultes. Doit-on regarder comme prescrit à peine de nullité le délai de dix jours accordé par l'article 354 pour la remise d'une expédition de l'acte d'adoption au procureur impérial ? De même, doit-on admettre la non validité de l'adoption, si cette expédition n'est pas remise à la Cour impériale dans le délai d'un mois, fixé par l'art. 359 ?

Dans le sens de l'affirmative, on dit que tout ici est de rigueur, qu'il est essentiel que l'incertitude sur le sort de l'adoption ne se prolonge pas, enfin que l'art. 359 prononce expressément la nullité d'une adoption, même homologuée par jugement et par arrêt, si elle n'a pas été inscrite dans les trois mois, et qu'il doit en être ainsi, à plus forte raison, de l'acte d'adoption qui n'a pas encore reçu l'homologation judiciaire.

Il nous semble que cette sanction est bien sévère, et sur ce point nous préférons penser que la loi s'en est rapportée à l'appréciation des tribunaux, qui pourront rejeter comme tardive la demande formulée.

Dans l'hypothèse de l'art. 359, il fallait bien fixer un terme fatal à l'accomplissement de cette formalité, ayant pour but d'éclairer les tiers. Le législateur ne peut aller trop loin pour sauvegarder leurs intérêts compromis par des contrats, auxquels ils ne sont pas parties. Mais les art. 354 et 357 ne sont pas aussi importants, à ce point de vue : ce sont des termes de procédure ; d'ailleurs les nullités ne s'établissent point par la voie de l'interprétation. Et ce qui confirme d'une manière décisive notre manière de voir, c'est l'étude des travaux préparatoires. Le tribunal avait proposé d'insérer expressément dans la loi la peine de la nullité, pour les trois hypothèses des articles 354, 357, 359; le conseil d'Etat n'a tenu compte de cette proposition qu'en partie, puisqu'il n'a établi la déchéance que pour le cas de l'article 359.

3ᵐᵉ FORMALITÉ. — *L'adoption sera inscrite sur les registres de l'état civil.*

L'article 359 est ainsi conçu : « Dans les trois mois qui suivront ce jugement, l'adoption sera inscrite, à la réquisition de l'une ou de l'autre des parties, sur le registre de l'état civil du lieu où l'adoptant sera domicilié. Cette inscription n'aura lieu que sur le vu d'une expédition en forme du jugement de la Cour impériale, et l'adoption restera sans effet, si elle n'a été inscrite dans ce délai. »

La publicité résultant de la prononciation et de la publication de l'arrêt n'a pas semblé suffisante au législateur, qui, sur ce point, comme en tant d'autres, a été fort jaloux de l'intérêt des tiers, et qui a eu grandement raison de s'en préoccuper. Cette naissance civile, dit élégamment Proudhon, doit être inscrite sur le registre des actes de naissance.

Pour éviter toute contestation, les parties feront bien de se conformer à l'article 39 du code civil, quoique nous ne pensions pas que l'omission seule de ces formalités fût assez puissante pour annuler l'adoption. Car l'appréciation de la validité de l'inscription des actes irréguliers de l'état civil est toute laissée à la sagesse des tribunaux.

De là, nous concluons que ceux-ci seraient compétents et ne dépasseraient pas leurs pouvoirs, en décidant que, l'acte d'adoption dressé par le juge de paix ayant été inscrit, l'adoption a été suffisamment connue, quoiqu'il paraisse plus rationnel d'exiger que l'arrêt de la Cour impériale soit au moins mentionné sur le registre.

Mais il ne faut pas en dire autant d'une inscription tardive, ou qui serait faite sur les registres de l'état civil d'un lieu où l'adoptant n'est pas domicilié; car il n'est pas admissible que le législateur ait été satisfait d'une inscription faite dans un endroit quelconque.

Les mêmes parties dont la demande à fin d'adoption a été repoussée, peuvent la présenter de nouveau, soit devant les mêmes juges, soit devant d'autres, si l'adoptant a changé de domicile. Rappelons-nous, en effet, qu'en cette matière le pouvoir judiciaire ne juge pas, qu'il est investi d'une attribution purement gracieuse, et que la maxime *non bis in idem* ne peut alors recevoir d'application. D'autre part, observons que le rejet d'adoption n'est pas motivé, et que la cause déterminante du premier échec peut avoir cessé ; dès-lors rien n'est plus raisonnable que l'autorisation de renouveler cette demande.

CHAPITRE III.

DE LA SANCTION DE LA LOI EN CAS D'ABSENCE DE L'UNE OU DE PLUSIEURS CONDITIONS INTRINSÈQUES OU EXTRINSÈQUES.

Nous n'avons pas à signaler de sanction préventive ; l'opposition officielle à l'adoption n'existe pas. Et l'on dépasserait sans aucun doute les limites de l'interprétation, si l'on voulait appliquer à notre matière les dispositions contenues dans les articles 170 et suivants du code civil.

C'est au tribunal à voir si la loi est exécutée ; et le législateur, non sans de justes raisons, a parfaitement compris qu'il serait plus difficile de surprendre sa religion que celle de l'officier de l'état civil. L'intervention du pouvoir judiciaire est une garantie qui n'existe pas pour le mariage. Ajoutons à cette considération, qui serait décisive par elle-même, que toute opposition officieuse pourra librement se produire. Toutes les personnes qui ont intérêt à ce que l'adoption ne se réalise pas, pourront donner les renseignements, qu'ils croiront suffisants pour constituer un empêchement, aux magistrats qui en tiendront compte, puisqu'ils sont investis d'un pouvoir discrétionnaire. M. Berlier a positivement déclaré que dans tous les cas les parties intéressées auront la faculté de remettre des mémoires aux magistrats chargés du ministère public (Locré, tome 6, page 570). Ainsi, si le tribunal, nonobstant ces réclamations, accueille favorablement la demande qui lui est soumise, ainsi que la cour, cette intervention aura été jugée par cela même mal fondée.

Mais il peut arriver que ces protestations soient appuyées sur des motifs sérieux ; il peut arriver que l'autorité judiciaire se trompe ou soit trompée, qu'elle donne mal à propos son homologation, et ce fâcheux inconvénient peut se présenter d'autant plus facilement, qu'il n'y a, dans la procédure, ni publicité ni débat oral ; les intérêts, la plupart du temps contraires, n'auront pas été représentés à l'instruction.

Quelle sera la sanction de la violation manifeste de la loi ? Le code garde le silence sur tous ces points.

De ce mutisme absolu sont nés plusieurs systèmes, que nous ne tenons pas à signaler ; ces détails seraient inutiles ; nous nous contenterons d'exposer et de motiver notre opinion. Mais nous ne pouvons nous empêcher cependant de réfuter une théorie, fort accréditée autrefois, et qui a été soutenue par des membres éminents du ministère public. Quelques jurisconsultes considérables ont osé prétendre que l'adoption, une fois homologuée et inscrite, était un acte définitif et désormais à l'abri de toute annulation. Les tribunaux, dit-on, pour soutenir cette erreur des plus surprenantes, remplacent, en matière d'adoption, le pouvoir législatif. Ils exercent une portion de la puissance publique, leur décision a toute la force d'une loi, et dès-lors il n'y a pas de recours possible.

Il faut reprocher au législateur une incroyable étourderie, s'il n'a pas entendu rendre irréfragable le contrat dont nous nous occupons. Ordinairement, et surtout en matière de mariage, il procède avec une minutie quelquefois excessive ; à quoi servirait d'ailleurs cette double attribution du tribunal et de la Cour, si tout pouvait être débattu plus tard, pour des causes et pendant un temps dont la détermination ne peut être qu'incertaine et arbitraire, en l'absence de textes, et comme le prouve suffisamment le conflit des divers systèmes ?

Nous ne pouvons partager cette opinion singulière. Souvenons-nous d'abord qu'il a été convenu au conseil d'État d'investir le pouvoir judiciaire de cette mission de surveillance, dès qu'on eut renoncé à faire produire à l'adoption une complète mutation de famille, avec toutes ses conséquences. Dès qu'on l'a réduite à un simple changement d'état, sans effet radical, on a jugé inutile l'intervention de la puissance publique. Mais comme l'adoption avait été rejetée par beaucoup de membres, par suite de scrupules honorables, bien qu'exagérés ; comme, d'autre part, elle produit des résultats assez graves, comme elle aurait pu servir à des combinaisons criminelles, la loi n'a pas voulu l'abandonner complétement au caprice des parties.

« Qui redressera le corps législatif, disait Berlier, si lui-même il lèse ou favorise les personnes sur l'intérêt desquelles il aura à statuer ? » N'est-ce pas là une preuve que, dans l'intention du législateur, l'adoption ne peut être un acte irréformable ? Les articles 354 et suivants n'accusent-ils pas, avec une grande netteté, la mission toute judiciaire des magistrats, par les mots homologation, jugement et arrêt ? Quoi, des pièces fausses auraient été produites et auraient entraîné les juges, et aucune voie de recours ne serait ouverte. Quoi ! un enfant légitime, dont on aurait frauduleusement dissimulé l'existence, ne pourrait faire annuler un contrat fait au mépris de ses droits ! Une pareille iniquité révolterait l'interprète, si la loi avait le malheur de la renfermer textuellement, et n'est-ce pas une hardiesse étonnante, que de la lui attribuer gratuitement ?

Ainsi nous pouvons considérer comme incontestable ce principe : L'adoption n'est pas irrévocable, et peut être annulée suivant les circonstances.

Il nous reste encore à résoudre la question de savoir pour quelles causes, pendant combien de temps, et par quelles voies on peut agir.

Nous n'entendons parler ici que des conditions et des formes spécialement exigées par notre titre, sans nous préoccuper des conséquences qui peuvent provenir de l'inobservation des règles générales.

Nous prétendons que l'inaccomplissement de l'une quelconque des conditions ou des formes requises suffira pour entacher l'adoption d'une nullité. Nous ne croyons pas le jurisconsulte autorisé à distinguer ici, comme en matière de mariage, les nullités absolues et les nullités relatives. Rien dans les textes ne permet cette voie d'interprétation ; les travaux préparatoires ne fournissent aucun secours. On pourrait, il est vrai, examiner l'importance des conditions, l'intérêt qu'elles ont pour but de sauvegarder ; mais qui ne comprend que cette appréciation peut varier suivant les individus, suivant les espèces? Qui ne comprend qu'on tombe dans l'arbitraire? Du reste, l'adoption est une pure création du droit positif; le mariage, au contraire, émane du droit naturel, le lé-

gislateur ne fait que régulariser pour les citoyens l'exercice de ce droit qu'ils tiennent de la nature. Toutes les
conditions de l'adoption dérivent donc du législateur,
elles n'existent que par sa volonté ; elles sont donc toutes
égales, et toutes doivent être observées.

Notre solution est radicale ; toutefois nous pensons
qu'elle a besoin, pour être juridique, d'un tempérament
indiqué par la loi elle-même. Ainsi, il ne nous paraît pas
admissible qu'on puisse demander la nullité d'une adoption, sur le motif qu'au moment où elle s'est réalisée,
l'adoptant ne jouissait pas d'une bonne réputation. Cette
distinction est tout à fait naturelle ; le code Napoléon fait
de cette obligation pour l'adoptant, d'avoir une bonne réputation, une condition particulière, exceptionnelle, et il
montre visiblement qu'il ne faut s'en préoccuper qu'à l'é-
poque de l'homologation ; une fois son existence attestée
par les juges, nul ne peut être reçu à la contester. D'ailleurs la loi, pour ménager la réputation de l'adoptant, ne
veut ni enquête ni renseignements publics ; et ses précautions seraient illusoires, si l'on pouvait remettre
publiquement en discussion la réputation d'un homme qui
n'a plus peut-être à ce moment les moyens de se défendre.

De même, nous avons déjà justifié une autre dérogation
en ce qui touche l'expiration des délais, avant la remise
des pièces, et nous avons appuyé notre interprétation sur
l'article 359 qui prononce expressément la nullité de
l'adoption, au cas d'inscription tardive ; ce qui nous autorise à conclure *à contrario*.

Mais, ne faut-il pas aller plus loin, ne faut-il pas dire
avec Grenier et Merlin, que si les héritiers de l'adoptant,
croyant l'adoption inadmissible, ont remis, suivant la

disposition de l'article 360, des mémoires et observations à ce sujet, ils ne pourront plus tard introduire une action en nullité de l'adoption ?

Nous ne pensons pas que l'exercice de cette faculté change en quelque chose le caractère de la procédure. Elle ne cesse pas d'être gracieuse ; les formes restent les mêmes ; il n'y a point d'audience publique, point de débats contradictoires, point de motifs donnés à la décision des juges.

Ainsi donc, en résumé, hormis les deux exceptions que nous avons signalées, nous pensons que l'absence de l'une quelconque des conditions intrinsèques ou extrinsèques entache l'adoption d'une nullité absolue quant au temps de la durée, absolue quant aux personnes qui auraient intérêt à y recourir, absolue quant à son impossibilité d'être couverte.

Il est à remarquer cependant que nous n'entendons parler que de l'action en nullité d'adoption, qui a pour but de faire considérer comme nuls et non avenus les prétendus rapports de paternité et de filiation. Tout ce qui regarde les intérêts pécuniaires n'en serait pas moins soumis à la prescription ; et l'action en nullité contre l'adoption n'aurait pas pour effet d'anéantir les résultats produits par la faculté d'acquérir ou de se libérer, moyennant un laps de temps déterminé.

Les héritiers de l'adoptant, dont la pétition d'hérédité est éteinte par prescription, ne peuvent recouvrer leurs droits par un procédé indirect.

Quant aux voies qu'il faut suivre pour faire prononcer la nullité de l'adoption, elles ne nous paraissent pas douteuses. Il ne peut être question, dit avec raison M. Demolombe, des voies de recours ordinaires ou extraordinaires, telles que l'appel, le pourvoi en cassation, ou la requête civile ; car « elles ne sont ouvertes que contre les jugements ou arrêts rendus en matière contentieuse, et susceptibles d'acquérir l'autorité de la chose jugée. »

Or il ne faut pas perdre de vue que, si l'adoption a été l'objet de deux décisions judiciaires, il ne s'est agi que d'une procédure volontaire. La contestation ne commence qu'au jour où la nullité de l'adoption est demandée, et doit être soumise, par conséquent, au premier degré de juridiction. Le tribunal de première instance sera donc compétent.

Et l'on objecte en vain qu'un tribunal d'arrondissement pourra réformer un arrêt de cour d'appel, car, ainsi que nous venons de le voir, cet arrêt n'a point statué sur les prétentions des parties. « Il n'est qu'un arrêt sur requête, dit encore M. Demolombe, comme serait, par exemple, un arrêt ordonnant, sans contradicteur, une rectification sur les registres de l'état civil. »

CHAPITRE IV.

DES EFFETS DE L'ADOPTION.

L'adoption, une fois formée, ne peut plus être dissoute par une volonté contraire des parties. Nous avons vu qu'en droit romain il en était tout autrement ; cela tenait à la nature spéciale de la puissance paternelle. Dans les temps modernes, la législation prussienne autorise la rupture de ce contrat. Toullier a interprété autrement que nous le silence de notre code. Il a pensé qu'il convenait de faire à l'adoption l'application des paroles d'Ulpien, renfermées dans le fragment 35, *De regulis juris*, D., 50, 17, et qui forment encore le droit commun : *Nihil tam naturale est, quam eo genere quidque dissolvere, quo colligatum est* « rien n'est aussi naturel que d'éteindre les obligations par un concours de volontés contraire à celui qui les a créées ». Mais cette opinion a été à peu près unanimement rejetée, et je crois, avec raison. L'adoption est un contrat d'une nature tout exceptionnelle, sous le double point de vue de sa formation et de ses effets ; c'est en outre un acte de l'état civil. Les travaux préparatoires prouvent d'une façon tellement irrésistible l'intention bien arrêtée des rédacteurs, de faire un contrat irrévocable, que, revenant sur leur propre pensée, ils exigèrent la majorité chez l'adopté. Ajoutons que le droit romain lui-même donne tort à Toullier ; car la suite du fragment que nous avons cité est ainsi conçue : *Ideo verborum obligatio verbis tollitur, nudi consensus obligatio contrario consensu solvitur.* Or aucun texte de loi n'autorise les magistrats à homologuer la révocation d'une adoption, ce qui serait absolument indispensable pour les y autoriser, d'après Ulpien.

Avant d'examiner en détail les effets de l'adoption, nous devons inscrire, comme au frontispice de la matière, le principe contenu dans l'article 348 : « L'adopté reste dans sa famille naturelle et y conserve tous ses droits. » Cette institution n'est donc chez nous qu'une imitation fort éloignée de la nature : « De cette manière, dit Grenier, la voix du sang ne sera jamais étouffée par celle de l'intérêt, et les droits sacrés qui appartiennent à ceux dont on a reçu le jour, seront toujours les premiers dans l'ordre de la loi, comme ils le sont dans l'ordre de la nature. »

Le père naturel conserve les attributs de la puissance paternelle, qui n'est pas le moins du monde transférée au père adoptif.

Le premier possède encore le droit de consentir au mariage de l'adopté, ou celui d'être consulté. L'obligation réciproque aux aliments ne cesse pas de les lier ; les droits mutuels de successibilité restent intacts, quoique modifiés, à un tout autre point de vue, par l'ouverture de la succession anomale, au profit de l'adoptant ou de ses enfants, sur certains biens de l'adopté.

Parallèlement à cette règle fondamentale, nous devons en indiquer le corollaire nécessaire, et contraire, comme la règle, aux principes rigoureux de la législation romaine. L'adopté, ne quittant pas sa famille naturelle, n'entre pas dans celle de l'adoptant. Les articles 349 et 350 nous le montrent d'une manière incontestable.

L'article 349 décide que l'obligation alimentaire sera commune à l'adoptant et à l'adopté, l'un envers l'autre, et passe sous silence le point de savoir si elle existera entre l'adopté et les ascendants de l'adoptant ; par ce silence même, il n'établit pas cette contrainte légale, que l'interprète ne peut créer. L'article 350 est encore plus décisif. Il refuse nettement à l'adopté tout droit de successibilité quelconque sur les biens des parents de l'adoptant. Toutes ces dispositions sont fort rationnelles ; deux parties contractent seules, deux parties seules doivent subir les conséquences de l'acte qu'elles accomplissent (1165). On ne pouvait du reste, sans troubler profondément l'organisation de la famille, permettre à l'adoptant d'y introduire, à l'insu de ses parents, et peut-être non-obstant leur volonté, un nouveau venu de son choix, dont l'union nouvelle pouvait leur causer des charges onéreuses. Pour caractériser d'un mot la position de l'adopté, nous disons, sans crainte, que, vis-à-vis des parents de l'adoptant, sa situation est analogue à celle d'un enfant naturel vis-à-vis des parents du père ou de la mère qui l'a reconnu, auxquels il n'est pas attaché par la reconnaissance.

D'un autre côté, l'adoptant reste étranger aux parents de l'adopté ; et, à plus forte raison, les parents des deux parties ne sont unis entre eux par aucun lien. Toutefois la première de ces deux propositions est très-vivement contestée par des auteurs fort recommandés, qui soutiennent, à tort suivant nous, que les descendants légitimes de l'adopté deviennent civilement les petits-fils de l'adoptant. L'intérêt de la question se touche du doigt dans les deux hypothèses suivantes : 1° les descendants de l'adopté succèderont ou non, soit par représentation, soit de leur chef, à l'adoptant, si l'adopté est prédécédé, suivant que nous admettrons ou non qu'ils ont civilement le titre de petits-fils de l'adoptant ; 2° ces personnes se devront ou non des aliments, dans les mêmes cas.

On dit, à l'appui de cette opinion, que nous n'embrassons pas, qu'on doit tenir compte des enfants de l'adopté, destinés assurément, dans la plupart des cas, à servir de descendants à l'adoptant. La paternité fictive doit ressembler à la paternité réelle, et un aïeul adoptif doit exister, comme existe un aïeul naturel. On invoque les souvenirs du droit romain, on s'appuie sur l'art. 347, qui donne à l'adopté, et par conséquent à ses enfants, le nom du père adoptif ; sur l'art. 349, qui défend le mariage entre l'adoptant, l'adopté et ses descendants ; sur l'art. 351, qui regarde comme un obstacle à la vocation de l'adoptant, à la succession anormale, la présence d'une postérité légitime de l'adopté ; et sur l'art. 352, qui appelle l'adoptant à la succession des choses qu'il a données, sur l'hérédité des descendants légitimes de l'adopté, prédécédés sans postérité.

Voici les considérations qui nous paraissent décisives contre cette interprétation bénigne : le législateur, nous ne le contestons pas, eût pu établir ces rapports plus étendus de paternité et de filiation, mais le jurisconsulte ne peut faire cette extension. La loi règle les relations nouvelles formées par l'adoption ; or l'idée première que l'on se fait de leur nature, en étudiant les divers textes, est radicalement opposée à tout tempérament. Il ressort du code que l'adoption est un contrat exclusivement personnel. Nous avons déjà observé ce caractère, en considérant la position de l'adopté vis-à-vis des parents de l'adoptant, et, par exemple, vis-à-vis du père de l'adoptant.

Pas de difficulté non plus, en ce qui regarde l'adoptant et les parents de l'adopté, autres que ses descendants légitimes. Pourquoi donc décider différemment dans le cas dont nous nous occupons ? Ni les travaux préparatoires, ni les articles du code, ne nous semblent faire exception pour cette hypothèse. Et notre solution nous semble découler logiquement des principes. Bien plus, la corrélation des articles et leur contenu nous paraissent trancher ce point délicat. Ainsi l'art. 349 est ainsi conçu : « L'obligation naturelle qui continuera d'exister entre l'adopté et ses père et mère, de se fournir des aliments dans les cas déterminés par la loi, sera commune à *l'adoptant et à l'adopté, l'un envers l'autre.* »

L'art. 350 ne comprend pas davantage les descendants de l'adopté, et s'exprime ainsi : « L'adopté n'acquerra aucun droit de successibilité sur les biens des parents de l'adoptant ; il aura sur la succession de l'adoptant les mêmes droits que ceux qu'y aurait l'enfant né en mariage. » Ce silence est d'autant plus significatif, que les articles 205, 207, 745 et 759, visant les effets de la parenté naturelle, n'ont pas oublié les descendants, les ont soumis aux mêmes obligations, et leur ont conféré les mêmes droits qu'aux enfants du premier degré. Et assurément ce lien naturel, ce lien étroit qui les attache à l'aïeul, motivait, ou plutôt pouvait motiver une omission.

Notons qu'on ne peut même reprocher une omission au législateur, mais bien une exclusion, car il est question de ces individus dans les art. 351, 352. Ces preuves ne sont-elles pas convaincantes ? Ces arguments nous paraissent irrésistibles ; il ne nous reste plus qu'à réfuter ceux qui sont émis par nos adversaires. Nous ne nous donnerons pas la peine de répondre à l'objection tirée du droit romain, où l'organisation un peu factice de la famille n'a aucun rapport ni avec nos lois, ni avec nos mœurs.

La transmission du nom ne mérite pas l'importance qu'on lui attribue, car l'adopté porte le même nom que le père de l'adoptant, que le frère de l'adoptant, et n'est pas pour cela leur parent. D'ailleurs les enfants nés antérieurement à l'adoption n'ont pas leur nom modifié par cet événement. Et les enfants nés postérieurement à l'adoption reçoivent leur nom de leur père, tel qu'il le porte à leur naissance. Ajouterons-nous que la raison déduite des prohibitions de mariage, indiquées dans l'art. 348, n'a aucune valeur, parce qu'il faudrait aller jusqu'à prétendre que toutes les personnes incapables de se marier entre elles, d'après ce texte, sont liées par une relation de parenté. Le motif de ces prohibitions est moins l'affinité morale résultant de l'adoption que le désir du législateur d'écarter de l'esprit de ces personnes, qui habitent ordinairement sous le même toit, toute pensée et tout prétexte de désordres, en les déclarant irréparables. Quant aux art. 351 et 352, ils établissent un droit tout anormal, s'appuyant sur des motifs particuliers, et qui ne peut servir de fondement à un système.

Ce n'est pas la seule différence qui existe entre la parenté civile et la parenté naturelle. L'adoption ne laisse pas seulement l'adoptant et l'adopté respectivement étrangers aux parents de l'un et de l'autre, les effets du contrat entre l'adoptant et l'adopté s'éloignent encore de ceux qui existent entre un père et un fils naturel. L'adoptant n'a pas de puissance paternelle à l'encontre de l'adopté, qui n'aura pas besoin de rapporter le consentement ou le conseil de celui-là pour se marier. L'adoptant n'aura pas de droits d'hérédité sur les biens de l'adopté.

Mais comme les dispositions des articles 299, 312 et 380 du code pénal, 911 code Napoléon, 268 code proc. civile, et 322 instruct. criminelle, sont fondées sur des motifs raisonnables, qui s'appliquent tout aussi bien à la paternité civile qu'à la paternité naturelle, nous n'avons aucun scrupule, en décidant qu'elles concernent la filiation imparfaite produite par l'adoption.

Après ces généralités, indispensables pour l'analyse claire et exacte des articles relatifs à notre matière, nous pouvons exposer les règles contenues dans ces divers textes (347-352). Parmi les divers effets de l'adoption, certains se réalisent entre vifs, et d'autres après le décès de l'adoptant ou de l'adopté.

I. Le premier effet de l'adoption indiqué par le code, c'est la transmission de nom. L'article 347 s'exprime ainsi : « L'adoption conférera le nom de l'adoptant à l'adopté, en l'ajoutant au nom propre de ce dernier. » C'est un rapport de l'adoption avec ces libéralités autorisées par nos anciennes lois, disait le tribun Gary, et qui avaient pour condition de porter le nom du testateur ou du donateur. Nous n'insisterons pas sur l'importance de ce résultat ; la propriété des noms forme pour les familles un patrimoine précieux ; et de récents procès, auxquels il nous est permis de faire allusion, justifient cette vérité. Remarquons que, si une femme mariée adopte, le nom qu'elle transmet est son nom de famille ; car elle n'est pas, en quelque sorte, propriétaire du nom de son mari, et ne peut dès-lors en disposer.

II. L'article 348 est ainsi conçu : « Le mariage est prohibé entre l'adoptant, l'adopté et ses descendants ; entre les enfants adoptifs du même individu ; entre l'adopté et les enfants qui pourraient survenir à l'adoptant ; entre l'adopté et le conjoint de l'adoptant, et réciproquement entre l'adoptant et le conjoint de l'adopté. »

Ainsi que nous avons eu l'occasion de le voir, ces divers empêchements ne sont fondés, en grande partie, sur aucun degré de parenté ; ils s'expliquent par des considérations de moralité, que nous avons déjà signalées. En matière d'interdiction, tout est de stricte interprétation ; la liberté est de droit naturel. Il est donc inadmissible de suppléer au silence de la loi, par induction, et de défendre, par exemple, le mariage entre l'adopté

et les ascendants de l'adoptant. Cette hypothèse en fait
est assez chimérique ; car la grande disproportion d'âge,
à défaut de texte de loi, rend ces mariages impossibles.
Imaginons-nous un homme, de 70 au moins, épousant
une femme de 35 ans au plus ; ou figurons-nous un
jeune homme de 21 ans se mariant à une femme de
66 ans !!! Le législateur ne peut être accusé d'impré-
voyance, il statue sur des circonstances ordinaires, *de
co quod plerumque fit*. Mais le principe n'en subsiste pas
moins, et quelquefois il se présentera des hypothèses
plus normales. Ainsi l'adopté pourra épouser la sœur de
l'adoptant.

Nous pensons que ces empêchements au mariage sont
simplement prohibitifs. Cependant des auteurs, et notamment Proudhon et Merlin, admettent que les articles 161,
162, 184 du code Napoléon, qui prononcent la nullité
des mariages célébrés en dépit des prohibitions fondées
sur la parenté ou l'alliance à certains degrés, sont applicables en notre matière. Sans doute, cette opinion est
séduisante ; elle s'impose à première vue ; mais les jurisconsultes plus timides, et je crois avec raison, ne peuvent être de cet avis. Les nullités sont très-efficaces,
trop efficaces même quelquefois ; et nous ne pouvons
prendre sur nous de les créer par analogie. Ce n'est pas
tout : souvenons-nous des motifs de l'article 348, et
comparons-les sommairement aux motifs des articles
161, 162, 184. Le fondement moral de l'article 348,
c'est la sollicitude du législateur pour les mœurs et le
désir de maintenir pur le foyer domestique. Dans les
art. 161 et 162, la loi, en établissant les diverses défenses
y mentionnées, s'est préoccupée surtout des idées
physiologiques et politiques. Ainsi que le prétend la

majorité des auteurs scientifiques, les mariages entre parents sont moins sains et moins féconds qu'entre étrangers.

Il est d'un bon gouvernement d'encourager le mélange des races, et le rapprochement des diverses classes de la société. Toutes ces raisons subsistent une fois le mariage accompli, partant elles l'entachent d'une nullité. L'adoption, au contraire, produit une parenté exclusivement fictive ; les motifs qui ont fait édicter l'art 348 ne survivent pas à son inobservation. En présence du silence du code, en présence de cette profonde différence dans ces deux positions, il nous paraît impossible d'admettre une nullité.

III. Art. 349. L'obligation naturelle qui continuera d'exister entre l'adopté et ses père et mère, de se fournir des aliments dans les cas déterminés par la loi, sera considérée comme commune à l'adoptant et à l'adopté, l'un envers l'autre. « Mais ce qui caractérise l'adoption, disait le tribun Gary, et ce qui donne une nouvelle force au lien qui se forme entre l'adoptant et l'adopté, c'est l'obligation réciproque qui leur est imposée de se fournir des aliments dans les cas déterminés par la loi. »

1re HYPOTHÈSE. — C'est l'adoptant qui réclame des aliments. Tout le monde reconnaît que l'adopté doit contribuer à cette dette, de la même manière qu'un enfant légitime.

2me HYPOTHÈSE. — C'est l'adopté qui demande le payement de cette dette. Les parents de celui-ci profiteront de l'adoption en ce sens que l'adoptant, tenu au même titre qu'eux, doit fournir sa quote-part, et par cela même diminuer l'étendue de leur contribution. On a cherché à contester ce principe, en invoquant la fameuse maxime *ubi est successionis emolumentum, ibi et onus alimentorum esse debet*, et l'on a émis un peu témérairement que l'adopté n'aurait pas à réclamer d'aliments à l'adoptant, s'il avait un descendant ou ascendant légitime par le sang, en état de lui en fournir. Cette proposition arbitraire ne se fonde que sur ce brocard ; et cela n'est pas suffisant, à notre sens : les termes de l'article 349 assimilent très-visiblement, quant à ce qui concerne l'obligation alimentaire, l'adoptant au père légitime. Il est donc tenu cumulativement et non pas seulement subsidiairement. La même remarque peut être faite pour l'adopté, qui sera tenu au même titre que les enfants légitimes survenus postérieurement à l'adoption.

IV. Nous arrivons maintenant, avec l'article 350, à l'un des plus graves effets de l'adoption, c'est-à-dire au droit du survivant, de l'adoptant ou de l'adopté, sur la succession du prédécédé.

1re HYPOTHÈSE. — Supposons le prédécès de l'adoptant ; dans l'ordre naturel, le plus âgé meurt avant le plus jeune. L'art. 350 est ainsi conçu : « L'adopté n'acquerra aucun droit de successibilité sur les biens des parents de l'adoptant ; mais il aura sur la succession de l'adoptant les mêmes droits que ceux qu'y aurait l'enfant né en mariage, même quand il y aurait d'autres enfants de cette dernière qualité nés depuis l'adoption. »

Ainsi la règle résultant de cet article est aussi simple que formelle : quant aux droits héréditaires, l'enfant adoptif est assimilé complétement à l'enfant légitime. La fin de l'article 350 dérivait fatalement du principe ; et si le législateur a parlé expressément de l'hypothèse où il naîtrait postérieurement à l'adoption des enfants légitimes à l'adoptant, c'est que plusieurs membres du conseil d'Etat voulaient faire prévaloir la filiation naturelle sur la filiation purement civile. « On s'est demandé, disait le tribun Gary, s'il était juste, dans ce dernier cas, de faire concourir le fils adoptif avec les enfants nés postérieurement, l'image de la nature avec la nature elle-même. Mais on a reconnu bientôt que tout ce qui tient à l'état des hommes doit être immuable et indépendant des événements postérieurs ; on a senti combien serait déplorable et malheureuse la condition du fils adoptif, que la survenance d'enfants nés dans le mariage dépouillerait d'un nom que la loi lui avait donné, et frustrerait de toutes les espérances que la loi l'avait autorisé à concevoir. »

L'enfant adoptif concourra donc par portions égales avec les enfants légitimes, légitimés et adoptifs, et avec les enfants naturels, dans les limites signalées par l'article 757 ; et comme, en arrivant à la succession au premier degré, ainsi que tout héritier, il est appelé à l'universalité du patrimoine, il exclut tout autre ordre de successeurs ; les collatéraux, les ascendants même seront écartés, et ces derniers ne pourront invoquer leur droit de réserve. Cette déduction naturelle des principes, fondée sur le texte de l'article 350, avait été d'ailleurs entrevue par Berlier, qui prévoyait une hypothèse sinon absolument identique, du moins analogue. « Comment, a-t-on dit, cette successibilité qui absorbe tout, se conciliera-t-elle, dans le cas où l'adoptant aurait des frères ou des neveux, avec la réserve que la législation actuelle leur fait, et que la législation projetée modifie sans l'anéantir (aujourd'hui elle n'existe pas)? Ces frères, ces neveux seront-ils pleinement écartés de la succession ? Oui, ils le seront, mais sans qu'il en résulte d'incohérence dans le système général de nos lois. Ce sera une prime accordée à l'adoption sur le testament, et à l'homme utile qui aura élevé un citoyen, sur celui qui, au terme de son inutile carrière, voudrait disposer sans réserve. On pourrait nous arrêter par une objection plus que superficielle, en nous disant : « Berlier n'a pas prévu le cas où l'ascendant de l'adoptant viendrait réclamer une réserve ; or, *qui dicit de uno negat de altero*; il faut donc décider que celui-ci pourra la demander à l'adopté. » Cet argument est des plus faibles pour trois motifs :

1° Nous le réfutons d'abord par le texte de l'art. 350, qui assimile dans tous les cas l'enfant adopté à l'enfant légitime.

2° Nous ferons également observer que le législateur ne doit pas être accusé de fantaisie aussi légèrement; n'y aurait-il, en effet, autre chose qu'un caprice singulier de sa part, s'il permettait à certains réservataires de concourir avec l'adopté, et s'il le refusait à d'autres ?

3° La loi d'ailleurs ne se préoccupe pas de toutes ces espèces chimériques ; l'adoptant a au moins cinquante ans (343) ; il faut qu'il décède, ayant encore son père, pour que cette hypothèse se présente. Assurément tous ces faits sont réalisables ; mais le législateur n'en a pas tenu compte, car il statue *de eo quod plerumque fit*. Le motif si éloquemment indiqué par Berlier est applicable à notre cas ; car le droit de disposer sans réserve est un avantage accordé à l'homme utile qui aura élevé un citoyen.

L'adopté peut prétendre aux rapports de ses cohéritiers, comme il y est lui-même soumis ; il a droit aussi
à la réserve des enfants légitimes. Tout le monde reconnaît ces principes ; mais les plus vives discussions sur-
gissent quand il s'agit de déterminer cette réserve. En
thèse générale, on procède ainsi aux termes des art.
922, 923 : on forme une masse de tous les biens exis-
tants au décès du *de cujus*, on y réunit fictivement ceux
dont il a disposé entre vifs ; et la réduction s'effectue en
commençant par les legs, puis par la dernière donation,
et ainsi de suite, en remontant des plus récentes aux
plus anciennes. Dans l'hypothèse où le fils adoptif réclame la portion indisponible que la loi lui accorde,
doit-on agir de la même manière ? Trois systèmes sont
en conflit sur cette question. Une première opinion,
qu'émet Delvincourt (tome I, p. 96, note 5), se fonde
sur les motifs qui suivent :

Aux termes de l'art. 350, l'adopté n'a de droits que sur
la succession de l'adoptant ; or tous les biens que donne
l'adoptant ne sont pas dans la succession.

Les legs, au contraire, sont encore dans l'hérédité ; la
réduction n'atteindra donc que ces dispositions.

La loi, ajoute-t-on, a voulu laisser cette faculté à
l'adoptant, afin que celui-ci ne soit pas dépouillé de tout
moyen de punir l'ingratitude de l'adopté, et que l'irrévocabilité de l'adoption ne produise de fâcheux résultats,
sans aucun remède.

D'autres jurisconsultes, avec Grenier et Toullier, sont
moins radicaux ; ils soumettent seulement à l'action en
réduction les donations postérieures à l'adoption, et en
affranchissent les dispositions antérieures. Là, dit-on,
l'adoption ne peut pas plus recevoir d'atteinte, par un

fait émané de l'adoptant, que les donations antérieures ne peuvent être annulées, en quelque sorte, par le donateur, au moyen d'une adoption. L'adopté n'a pas compté, du reste, sur des biens sortis définitivement et irrévocablement du patrimoine du donateur.

Quant à nous, nous n'admettons ni l'un ni l'autre de ces deux systèmes ; et nous pensons que la réserve de l'adopté, absolument identique à celle de l'enfant légitime, peut s'exercer sur toutes les dispositions, entre vifs ou testamentaires, et même sur les institutions contractuelles.

Voici les diverses considérations qui militent en faveur de notre manière de voir :

1° Du moment qu'on reconnaît à l'adopté le droit de réclamer une réserve, en qualité d'enfant légitime, pour ainsi dire, on doit lui accorder ce droit dans son intégralité ;

2° Il n'y a en effet qu'une seule réserve, et elle est organisée par les articles 922 et suivants ; elle comprend et ce qu'on retranche des legs, et ce qu'on retranche des donations entre vifs ; donc toutes les distinctions que l'on veut introduire dans notre sujet sont arbitraires.

L'article 920 prouve d'une façon décisive que les biens donnés font partie de la succession. Et il n'y a pas atteinte au principe de l'irrévocabilité des donations, car ce sont les héritiers, et non le donateur, qui, au moyen de l'action en réduction, sanction énergique mais indispensable de la réserve, entament les libéralités excessives faites par leur auteur.

Si l'adoptant veut punir l'adopté de son ingratitude, il a la faculté de le priver de la quotité disponible.

Les mêmes motifs, déduits de l'article 350, nous obligent à faire profiter l'adopté du bénéfice de l'article 1098. Ce texte s'exprime ainsi : « L'homme ou la femme qui, ayant des enfants d'un autre lit, contractera un second ou subséquent mariage, ne pourra donner à son nouvel époux qu'une part d'enfant légitime le moins prenant, et sans que, dans aucun cas, ces donations puissent excéder le quart des biens. » Deux professeurs de la Faculté de Strasbourg, MM. Aubry et Rau, sur Zachariæ, tome IV, page 24, ne sont pas de cet avis, parce que, disent-ils, le texte de l'article 1098 ne concerne que les enfants nés d'un autre lit ; parce que l'esprit du même article, édicté surtout en haine des secondes noces, ne s'oppose pas moins à ce que le fils adoptif puisse en exciper. C'est là un pur argument de mots, que celui de prétendre que les termes, *nés d'un autre lit,* ne peuvent s'appliquer à l'adopté.

L'article 1098 ne songe exclusivement qu'à établir une réserve spéciale pour l'enfant né en mariage ; cette réserve, en vertu de l'article 350, doit également exister pour l'adopté, qui, sur la succession de l'adoptant, a les mêmes droits absolument qu'un enfant légitime.

Si la loi avait eu l'intention d'établir une différence entre l'enfant naturel et l'enfant adoptif, elle n'eût pas manqué d'employer des termes nets et sans ambiguïté. Elle n'a pas besoin de reproduire, dans toutes ses dispositions, l'assimilation complète entre ces deux classes d'enfants; elle ne s'est pas la plupart du temps préoccupée de l'adoption, cette institution étant fort peu pratiquée ; d'ailleurs elle pose des règles, et c'est l'œuvre du jurisconsulte, et non du législateur, d'en déduire les conséquences multiples.

11

Ajoutons que l'esprit de la loi ne condamne pas plus que son texte notre interprétation. Pothier (Traité des donations entre vifs, section III, art. 8, § 2) nous donne le motif de cette disposition sévère pour le conjoint de l'époux qui se remarie. Il a surtout pour but « d'empêcher, dit-il, la femme qui se remarie, de donner trop d'atteinte aux parts que ses enfants, des précédents mariages, ont droit d'attendre en sa succession. » Les droits héréditaires de l'enfant légitime seraient peut-être compromis par des libéralités facilement consenties, et arrachées à la faiblesse de l'époux, par l'influence du nouveau conjoint. Et les droits héréditaires de l'adopté ne risqueraient-ils pas davantage ?

Mais il ne faudrait pas conclure, de l'article 350, que la révocation d'une donation fût possible au moyen de l'adoption ; le motif de cette résolution de plein droit nous est donné par Pothier : « La raison de cette révocation est que celui qui, n'ayant pas d'enfant, fait une donation, ne la fait qu'à cause de la persuasion où il est qu'il n'aura pas d'enfant ; que s'il prévoyait en avoir, il ne donnerait pas ; d'où on a tiré la conséquence que la donation devait être censée contenir en soi une clause tacite et implicite de la révocation en cas de survenance d'enfant. » Ainsi cette matière n'a aucunement trait aux droits de succession ; et l'article 350 ne confère à l'adopté une position identique à celle de l'enfant légitime qu'en ce qui regarde ses droits de succession. Voët, Pandecte, *De d^{us}*, n° 27, résolvait cette question dans ce sens : *Propter liberos adoptivos, post donationem assumptos, eamdem non posse revocari firmiter statuendum est.* Les termes de l'article 960 n'attachent ce résultat exorbitant de la résolution qu'à la naissance, réelle et non fictive, d'un enfant. En matière de résolution, tout est de stricte interprétation. Mais, à l'inverse, si, postérieurement à l'adoption et à la donation, il survient un enfant légitime à l'adoptant, cet événement révoquera de plein droit la libéralité. La paternité imparfaite, fruit de l'adoption, ne peut procurer les mêmes douceurs que la paternité naturelle, et le motif de l'article 960 subsiste dans toute sa force. L'adopté, ayant sur la succession de l'adoptant les mêmes droits que cet enfant né postérieurement, concourra avec lui pour le bien provenant de cette résolution.

La présence d'un enfant adoptif d'un descendant donataire fait-elle obstacle au droit de retour légal, ou plutôt, pour parler plus juridiquement, au droit de succession anormale créée au profit de l'ascendant donateur?

La solution de ce point ne saurait faire l'objet d'un doute sérieux ; le droit que l'article 747 confère à l'ascendant est un véritable droit de succession, et il n'est appelé à l'exercer qu'à défaut d'enfants; il sera donc exclu par l'enfant adoptif, que l'article 350 assimile à l'enfant né en mariage relativement à ses droits dans la succession de l'adoptant. Cette décision peut se justifier encore par un autre moyen tout aussi décisif; on peut regarder l'adoption comme une disposition virtuelle des bien donnés en faveur de l'adopté; et cette investiture rend impossible l'ouverture du droit de l'ascendant donateur.

Mais nous pensons tout différemment de ce qui regarde le retour conventionnel.

Si, contrairement à la règle générale formulée dans l'article 732, le législateur autorise une dérogation dans l'article 747, de même la disposition de l'article 951 modifie le principe de l'irrévocabilité des donations. Elle permet au donateur de stipuler que le bien qu'il donne lui fera retour, s'il survit soit au donataire seul, soit au donataire mort sans postérité, soit au donataire et à ses enfants, morts également sans postérité. Il n'est guère à présumer que lorsque, dans une donation, l'on stipule le droit de retour pour le cas où le donataire mourrait sans postérité, les deux parties aient songé à la possibilité de voir un jour ce dernier s'attacher un enfant adoptif.

Le donateur, sans aucun doute, se préfère à cet étranger, mais cette présomption pourrait être combattue par une clause contraire dans l'acte, qui assimilerait les enfants adoptifs aux enfants légitimes.

2me HYPOTHÈSE. — L'adopté prédécède ; l'adoptant aura-t-il quelque droit sur la succession? La succession de l'adopté passe à sa famille naturelle ; l'adoptant n'y est nullement appelé ; par une dérogation des plus remarquables au droit commun, le droit de successibilité n'est pas réciproque, en notre matière ; la loi a considéré que l'adoption était faite surtout dans l'intérêt de l'adopté.

Si l'adopté ne laissait aucun parent au degré successible, nous regrettons vivement d'être contraint par la logique des principes à reconnaître l'État, et non l'adoptant, pour son héritier. N'est-ce pas un de ces cas où nous pouvons nous écrier avec le philosophe : *summum jus, summa injuria ?*

Si l'adopté, dans la crainte d'un aussi funeste résultat, a fait un testament, l'adoptant ne pourra réclamer que les biens dont le *de cujus* l'a bien voulu gratifier. Il n'a, en d'autres termes, à *fortiori*, point de droits à une réserve, puisqu'il n'a même pas de vocation héréditaire.

Toutefois les articles 351 et 352 mentionnent un nouveau cas de succession anomale fort remarquable et qui mérite d'étendus développements.

L'article 351 s'exprime ainsi : « Si l'adopté meurt sans descendants légitimes, les choses données par l'adoptant, ou recueillies dans sa succession, et qui existeront en nature lors du décès de l'adopté, retourneront à l'adoptant ou à ses descendants, à la charge de contribuer aux dettes, et sans préjudice des tiers. Le surplus des biens de l'adopté appartiendra à ses propres parents, et ceux-ci excluront toujours, pour les objets même spécifiés au présent article, tous les héritiers de l'adoptant, autres que ses descendants. »

Nous venons de voir la deuxième partie de l'article ; il nous reste à traiter de cette succession anomale, toute particulière.

A. — *Quel est le motif de cette exception à l'article 732 ?* M. Berlier, dans son exposé de motifs, est fort bref sur ce point ; il se contente de dire que rien n'est plus juste, et qu'une législation différente serait déraisonnable. Le tribun Gary développe les raisons de cette disposition avec le même talent que celles des différents articles de ce titre. « Cela est juste et utile, dit-il ; cela est juste, car si l'affection de l'adoptant pour l'adopté a pu le porter à se dessaisir en sa faveur, il n'est pas présumable qu'il ait voulu se dépouiller, lui et sa postérité, pour enrichir une famille étrangère, et ce serait l'accabler, s'il avait en même temps à gémir sur la perte de l'objet de son affection, et à déplorer celle de ses biens. Cette disposition est encore utile, en ce qu'elle encourage les libéralités qui, fondées sur des motifs honorables, et répandues avec choix, sont presque toujours des moyens de prospérité publique. » Cela n'enrichit pas l'adoptant, qui ne reprend après tout que ce qu'il a donné. Les héritiers de l'adopté, d'autre part, n'éprouvent aucun appauvrissement, puisque sa fortune reste intacte après le retrait des biens donnés.

B. — *De ses conditions d'exercice.*

Il faut que l'adopté meure sans descendants légitimes. La présence d'un enfant naturel ne ferait donc pas obstacle à l'exercice de ce droit. Mais la présence d'un enfant adoptif suffirait, parce que l'art. 350 l'assimile complétement à l'enfant légitime, quant aux droits héréditaires. De même, la renonciation des descendants de l'adopté équivaudrait pour l'adoptant au défaut de postérité, car, suivant l'article 785, l'héritier qui renonce est censé n'avoir jamais été héritier. Tout ce que nous venons de dire s'applique également à ses propres descendants, dans le cas de prédécès de l'adopté sans postérité. Leur vocation est même plus importante, car elle s'étend aux biens que le fils adoptif a recueillis dans la succession de l'adoptant, et qui se retrouvent en nature dans la sienne. Mais les autres parents de l'adoptant n'ont en aucun cas, sur aucun bien, des droits à réclamer sur l'hérédité de l'adopté.

Et nous pensons même, contrairement à M. Demolombe (page 184, tome 6), qu'un enfant adoptif de l'adoptant ne pourrait demander à exercer ce droit de succession. On s'appuierait vainement sur l'article 350 ; car l'enfant adoptif n'a les droits d'un enfant légitime que vis-à-vis de la succession de l'adoptant ; or il est ici question de la succession de l'adopté. D'ailleurs, le devoir du jurisconsulte est d'interpréter restrictivement la loi qui permet ces successions exceptionnelles.

Ces motifs nous paraissent suffisants pour réfuter l'argument que ce professeur tire de l'article 352. Il applique à l'article 351 les mots « héritiers en ligne descendante » qui ne s'y trouvent pas, et il dit : l'article 351 admet les héritiers de la ligne descendante, puisque l'article 352 les exclut. Nous répondrons à cette objection qu'il ne nous est pas permis de déplacer ainsi des expressions, sans tomber dans l'arbitraire. Cet article 352 est ainsi conçu : « Si du vivant de l'adoptant, et après le décès de l'adopté, les enfants ou descendants laissés par celui-ci mouraient eux-mêmes sans postérité, l'adoptant succèdera aux choses par lui données, comme il est dit en l'article précédent ; mais ce droit sera inhérent à la personne de l'adoptant et non transmissible à ses héritiers, même en ligne descendante. » Ainsi, ce cas fort curieux de succession anomale s'étend même à l'hypothèse où l'adopté laisse des enfants légitimes. S'il ne laisse qu'un enfant, l'application de la loi ne fera pas difficulté. S'il en laisse plusieurs, l'opinion la plus accréditée est que l'adoptant ne pourrait arriver qu'à la succession du dernier mourant. On se fonde sur les articles 351 et 352 comparés. L'article 352 n'appelle l'adoptant à la succession anomale que pour le cas où les enfants ou descendants de l'adopté, tous, par conséquent, mourraient sans postérité. De même, l'article 351 ne confère ce droit à l'adoptant que lorsque l'adopté est mort sans laisser aucun enfant ; l'esprit de la loi est donc que, tant qu'un des enfants de l'adopté subsiste, l'adoptant ne peut avoir de prétentions fondées.

Mais notons que l'article 352, ne voulant pas prolonger à l'infini cette succession extraordinaire, ne déclare pas ce droit commun à l'adoptant et à ses descendants.

C. — *Quelle est la nature de ce droit ?* Les articles 351 et 352 n'ont pas caractérisé nettement la nature de ce droit, mais ils la laissent suffisamment voir. L'adoptant, dit l'art. 351, ne succède qu'aux biens qui existent en nature lors du décès de l'adopté ; il doit respecter les droits concédés à des tiers par l'adopté ; il doit contribuer aux dettes ; l'art. 352 décide aussi que l'adoptant succède aux choses par lui données à l'adopté.

Le doute qui pourrait surgir de l'expression impropre employée par le législateur, disant que les biens « retourneront » ne me paraît pas devoir se maintenir en face des autres termes des articles que nous analysons. Les principes suivants découlent de celui-ci :

1° On appliquera dans cette matière toutes les règles relatives à l'ouverture des successions (718).

2° De même, celles relatives à la capacité et à l'indignité.

3° De même, celles concernant les renonciations anticipées, et faites du vivant du *de cujus* (791, 1130, 1600).

4° De même, celles relatives au paiement des dettes. L'article 351 prévoit formellement cette dernière application. Et pour arriver à fixer la part qui restera à la charge de l'adoptant ou de ses descendants, suivant les diverses hypothèses indiquées ci-dessus, on procédera à une estimation des biens donnés, afin de constater leur valeur, qui sera comparée avec celle de la masse de la succession.

D. — *Sur quels biens doit porter ce droit de succession anormale ?* Sur les biens donnés par l'adoptant et qui se retrouvent en nature dans la succession du *de cujus*. Il ne suffit donc pas que ces biens se trouvent en nature dans la succession du *de cujus*, il ne suffit pas qu'ils n'aient été ni détruits ni aliénés, mais il faut encore qu'ils aient leur première individualité. Ce n'est que lorsque ces deux conditions concourent qu'il est certain que la donation a positivement enrichi la suc-cession du défunt. Le prix de l'aliénation ne pourrait donc pas être réclamé par l'adopté, parce que rien ne prouve que ce prix ne provient réellement de l'aliéna-tion du bien. C'est pour couper court aux procès qui se seraient élevés sur le point de savoir si la succession de l'adopté a été vraiment enrichie par la donation, que le législateur a exigé que ces biens donnés se retrou-vassent en nature dans l'hérédité et au même titre.

Nous émettons tout à fait la même théorie que celle que nous avons soutenue dans l'étude de l'article 747; nous ne pouvons exposer ici les nombreuses questions que soulève le commentaire de ce dernier article. Cette digression serait absolument inutile; et l'examen de ces divers points rentrerait plutôt dans le cadre d'une thèse, qui aurait à traiter de la succession anomale de l'ascen-dant.

Nous devons toutefois nous demander, pour termi-ner, si nous pouvons compléter les articles 351 et 352 par une disposition ainsi conçue dans l'article 747 : « Si les objets donnés ont été aliénés, les ascendants recueillent le prix qui peut en être dû. Ils succèdent aussi à l'action en reprise que pouvait avoir le donataire.

Trois systèmes se sont produits :

Certains commentateurs pensent que l'adoptant ou ses descendants n'ont droit ni aux actions en reprise, ni au prix encore dû. Ils se fondent sur ce que ce droit est tout exceptionnel, et sur ce que l'article 361 doit complétement se suffire à lui-même.

Le deuxième système distingue : il accorde à l'adoptant ou à ses descendants les actions en reprise, mais il leur refuse le prix encore dû.

Le troisième système, que nous admettons, ne fait aucune distinction ; il accorde toujours à l'adoptant la faculté de recueillir le prix qui peut être dû, et de succéder à l'action reprise, que pouvait intenter le donataire. L'esprit de la loi et les principes généraux du droit ne nous paraissent laisser aucun doute. Qu'a voulu le législateur? Il a eu le dessein de gratifier le donateur, qui pourra prouver avec évidence qu'un objet se trouve dans la succession du donataire, par l'effet de sa donation. Or n'est-il pas certain que le prix encore dû est la représentation individuelle de la chose vendue? Ce prix ne s'est pas encore confondu avec les autres capitaux du *de cujus*; quant à ce qui concerne l'action en reprise, notre interprétation peut se justifier encore plus facilement. L'action en reprise, c'est la chose elle-même : *Qui actionem habet ad rem recuperandam, rem ipsam habere videtur* (525, 1303). Et qui donc l'aurait cette action? Les héritiers ordinaires de l'adopté ne seraient pas recevables à l'intenter, car elle aurait pour but de leur faire avoir une chose en nature, de la succession de laquelle la loi les écarte indubitablement. Bien plus, l'hypothèse des articles 351, 352 est encore plus favorable que celle de l'article 747. Les descendants de l'ascendant donateur n'ont jamais le droit de succession anomale sur les biens laissés par le donataire ; d'un autre côté, on reconnaît généralement que l'ascendant donateur ne peut exercer son droit de retour, dans la succession des descendants du donataire. Ces prérogatives existent encore pour l'adoptant et pour ses descendants, ainsi que nous l'avons déjà vu, avec certaines distinctions.

Et quand le législateur donne plus d'extension lui-même aux art. 351 et 352, l'interprète n'est-il pas autorisé à déterminer la portée de ces articles par les dispositions de l'art. 747, quand la même pensée a suggéré évidemment ces cas analogues de retour légal ? Une pareille inconséquence devrait être écrite littéralement dans la loi ; nous nous inclinerions alors devant le texte, tout en disant *lex, sed dura lex*. Elle n'y est pas inscrite formellement et, d'accord avec les principaux généraux, nous refusons de l'y trouver.

CHAPITRE V.

DE L'ADOPTION RÉMUNÉRATOIRE.

(Art. 345.)

§ I. — Définition.

L'adoption privilégiée ou rémunératoire est celle par laquelle l'adoptant veut faire preuve envers l'adopté de sa reconnaissance, vu l'importance d'un service rendu.

§ II. — Son motif.

Nous ne pouvons mieux faire que de rapporter les nobles paroles de Berlier, justifiant cette institution : « Qui n'applaudirait point à la faculté qu'aura l'homme sauvé d'acquitter sa dette, en adoptant celui qui lui aura sauvé la vie ! Un service aussi grand devait autoriser aussi une grande récompense. C'est une heureuse idée, ajoutait le conseiller Perreau , que celle qui, comme l'art. 339 (345 aujourd'hui), fournit à la reconnaissance un moyen de s'acquitter, si parfaitement proportionné au service, qui lui permet de donner le titre de fils et tous les avantages qui en résultent à celui qui en a déjà rempli par anticipation les devoirs les plus sacrés. »

§ III. — Des conditions essentielles à cette adoption, et des dérogations au droit commun.

L'article 345 s'exprime ainsi : « La faculté d'adopter pourra être exercée envers celui qui aurait sauvé la vie à l'adoptant, soit dans un combat, soit en le retirant des flammes ou des flots. Il suffira, dans ce... cas, que l'adoptant soit majeur, plus âgé que l'adopté, sans enfants ni descendants légitimes, et s'il est marié, que son conjoint consente à l'adoption. » Ainsi, suivant l'art. 345, l'adopté doit avoir sauvé la vie à l'adoptant « soit dans un combat, soit en le retirant des flammes ou des flots. » Les termes du code ne nous semblent pas devoir être interprétés trop littéralement. Des divergences se sont présentées cependant parmi les commentateurs de cette fin d'article.

Est-il indispensable, comme l'ont prétendu Toullier et Proudhon, que l'adopté ait sauvé la vie à l'adoptant, dans une des circonstances limitativement énumérées dans l'article ? Cette adoption ne serait-elle pas licite, si une personne compromettait ses jours en arrachant un de ses semblables à une mort certaine : en allant, par exemple, le chercher au fond d'un puits, ou dans l'intérieur d'une mine, en l'enlevant aux mains des brigands, etc., etc.?

Nous penchons pour l'affirmative, et nous disons avec M. Demolombe : « Il n'y a là sans doute ni *combats*, ni *flammes*, ni *flots* ; mais ces sortes de sinistres appartiennent si bien à l'espèce de ceux que la loi a prévus, que l'on ne comprendrait point qu'elle y eût fait une différence. Aussi l'adoption rémunératoire me paraît alors permise, parce qu'en effet celui qui sera adopté aura sauvé la vie de l'adoptant en exposant sa propre existence, par suite d'un désastre manifeste tout à fait semblable à ceux que le texte a prévus. »

Mais il ne faut pas pour cela tomber avec d'autres auteurs dans une exagération opposée ; le brocard *in medio virtus* doit recevoir, surtout ici, son application. Ainsi nous n'accorderions pas un titre à l'adoption rémunératoire, à celui qui est astreint au dévouement et au courage par le devoir et les traditions d'honneur d'une profession. Un avocat qui dans des crises publiques dangereuses braverait la mort pour défendre un client, un médecin qui prodiguerait des soins au malade atteint d'une maladie mortelle et contagieuse, n'agissent pas dans un élan généreux et spontané. Il n'y a pas ici la même intrépidité instinctive, le même désintéressement que dans les cas cités par notre article, et autres analogues. Il faut en un mot que le caractère périlleux tombe sous les sens, en quelque sorte, il faut qu'il soit facile à constater. Sans doute, on ne saurait trop admirer le vénérable Malesherbes demandant à défendre un infortuné monarque ; mais le danger qu'il courait n'était pas manifeste au même point que celui auquel s'expose l'homme qui se jette au milieu d'un incendie, pour arracher à la mort de malheureuses victimes.

Le principe de cette adoption admis, il semble que la loi ne devrait être d'aucune sévérité : « Ici le sentiment entraîne, et le premier mouvement porte à rejeter toute entrave, toute condition, dans un cas si favorable. Cependant, s'il est quelques-unes des conditions générales qui peuvent être remises dans ce cas extraordinaire, il en est d'autres aussi que des considérations non moins fortes ne permettent pas d'effacer. Aussi la loi n'exige-t-elle plus les conditions d'âge ; elle ne demande pas non plus que l'adoptant ait fourni des secours pendant six ans à l'adopté, au temps de sa minorité. Mais, comme il est conforme à la nature des choses, l'adoptant ne peut être moins âgé que l'adopté, de même il ne doit pas avoir au moment de l'adoption des enfants légitimes, par la raison que les droits préexistants de ces derniers s'opposent à l'adoption, sans exclure pourtant tous les autres actes que la reconnaissance admet, qu'elle commande même, et qui deviendraient la propre dette des enfants, si leur père était capable de l'oublier ou hors d'état de la remplir. » (Berlier, *loco citato*.)

De même, s'il est marié, l'adoptant doit obtenir le consentement de son conjoint, parce que la paix des ménages, l'ordre dans les maisons, n'intéressent pas moins la société que l'ordre dans la rue, dans n'importe quelle circonstance.

Il faut que l'adoptant jouisse d'une bonne réputation. Le texte où le législateur pose cette condition concerne l'une et l'autre adoption. L'article 355, 2e alinéa, comme tous les précédents relatifs aux formes ou aux effets de l'adoption, sont en effet communs à toutes les deux, puisque le code n'y a pas dérogé en notre matière.

Mais notons que les conditions dont la loi dispense

l'adoptant ne concernent que lui ; or toutes les règles relatives à l'adopté subsistent sans aucune modification ; donc la prohibition faite à un individu de se faire adopter par plusieurs, existe même en matière d'adoption privilégiée. Ce principe toutefois est vivement contesté.

CHAPITRE VI.

DE L'ADOPTION TESTAMENTAIRE.

(Art. 366.)

§ I. — Définition.

L'adoption testamentaire est celle que fait dans un testament un tuteur officieux en faveur de son pupille.

§ II. — Ses motifs.

Berlier expose avec la même éloquence le but qu'a eu en vue le législateur: « Dans le cas où il se serait écoulé plus de cinq ans depuis la tutelle officieuse, l'on vous propose d'admettre l'adoption testamentaire et de lui donner tous les effets de l'adoption ordinaire. » Quelle grâce touchante dans le passage suivant ! « Tel homme souvent sexagénaire aura recueilli un enfant de six ans, à qui il aura pendant huit ou dix ans prodigué les soins les plus tendres. Celui-ci y aura répondu par de justes égards et par un naïf attachement, orné de tout ce que l'enfance a d'aimable. Le vieillard sent sa fin approcher, et voudrait consommer son ouvrage ; le pupille est parvenu à son adolescence ; mais il n'est point majeur encore. Placés l'un et l'autre dans le vestibule du temple, ils n'avaient plus que quelques mois, quelques jours peut-être à passer pour qu'il s'ouvrit entièrement à leurs vœux. Qu'un testament puisse en ce cas effacer les obstacles de la nature, et remplacer l'acte bienfaisant qui allait s'accomplir ! » Avant que l'âge de la majorité rende l'adopté habile, l'adoptant peut être empêché par la mort de réaliser son dessein généreux ; cette lacune est comblée par la permission d'user de l'adoption testamentaire.

§ III. — Des conditions intrinsèques.

L'article 366 nous signale à la fois son but, sa forme, ses conditions et ses effets. Il est ainsi conçu : « Si le tuteur officieux, y est-il dit, après cinq ans révolus depuis la tutelle, et dans la prévoyance de son décès avant la majorité du pupille, lui confère l'adoption par acte testamentaire, cette disposition sera valable, pourvu que le tuteur officieux ne laisse pas d'enfants légitimes. »

Nous allons voir rapidement quelles sont les conditions intrinsèques et extrinsèques de cette adoption ; nous en examinerons ensuite les effets.

Cette adoption est soumise à trois conditions spéciales :

1° Il faut que le testament qui confère l'adoption ait été fait cinq ans au moins après l'établissement de la tutelle officieuse. L'intention du législateur est facile à découvrir. Il ne veut pas que la décision du testateur soit l'effet d'un caprice passager, mais le fruit d'un attachement sérieux. La cause de cette sorte d'épreuve va nous donner la solution d'une question, controversée à tort. M. Odilon Barrot, qui a fait sur l'adoption un travail fort remarquable (*Encyclopédie du droit*, n° 63), pense que l'adoption peut être valablement conférée par un testa-

ment fait avant l'expiration de ces cinq ans de tutelle
officieuse, si le testateur meurt après ce laps de temps,
sans avoir révoqué cette disposition.

Deux motifs nous font repousser ce système :

Il est contraire au texte de l'art. 366, qui autorise,
par exception au droit commun, un acte aussi grave, et
qui ne prévoit que le cas où le testament a été fait après
l'expiration des cinq ans révolus depuis la tutelle officieuse ;

Il est contraire également à l'esprit de cet article ;
un certain temps a été requis, pour qu'il n'y ait point de
surprise ni d'entraînement de la part de l'adoptant. Ajouterons-nous également que cette interprétation viole les
principes généraux ? La capacité du testateur doit exister
au moment de la confection du testament ; si elle n'existe
pas à cette époque, et qu'elle survienne postérieurement,
la nullité n'est pas couverte. La volonté de l'adoptant a
été illégalement manifestée, et ne saurait recevoir une
confirmation d'un événement ultérieur, car on ne ratifie
pas le néant. Ainsi personne n'a jamais douté que le
testament émané d'un mineur de seize ans reste nul,
quoiqu'il meure à quatre-vingts ans, sans avoir modifié
ses dispositions testamentaires.

2° Le tuteur officieux doit décéder avant la majorité du
pupille, et n'avoir pas révoqué son testament. Nous avons
vu que l'adoption testamentaire n'a été permise précisément qu'à cause de la minorité du pupille ; à cet âge, en
effet, il ne peut pas être adopté (346). Cet obstacle une
fois supprimé, la dérogation au droit commun n'a plus
de raison d'être. Aussi l'art. 368 formule cette règle avec
beaucoup de netteté. « Si, à la majorité du pupille, son
tuteur officieux veut l'adopter, et que le premier y con-

sente, il sera procédé à l'adoption selon les formes pres-
crites au chapitre précédent ; et les effets en seront, en
tous points, les mêmes. »

Mais il faut que le délai moral écoulé depuis le moment
de la majorité du pupille, prouve que le tuteur a pu réellement recourir à l'adoption ; car, s'il meurt quelques
heures, ou même quelques jours après que l'ex-pupille a
atteint les vingt-un ans révolus, nous ne pensons pas
qu'il soit conforme à la loi d'annuler impitoyablement
l'adoption testamentaire. Si les juges reconnaissent en
fait qu'il a été impossible au tuteur de transformer l'adoption testamentaire en adoption ordinaire, ils sont tenus
de déclarer, sans hésitation, la disposition bonne et
valable.

3° Il faut enfin que le testateur ne laisse en mourant
aucun descendant légitime (art. 366). MM. Odilon Barrot
et Taulier soutiennent qu'il ne suffit pas que le *de cujus*
décède sans laisser d'enfants légitimes, mais qu'il faut, en
outre, qu'à l'époque de la confection du testament,
l'adoptant n'ait point de descendant. Nous ferons observer que cette opinion ajoute à la rigueur de la loi. Cette
condition, d'ailleurs, n'est acquise que dans l'intérêt des
enfants. Or cet intérêt n'existe pour eux qu'à la mort de
leur auteur (comparez les art. 913, 915, 922, 1049 et
1094).

Le tuteur officieux marié (362) n'a pas besoin du consentement de son conjoint pour conférer l'adoption
testamentaire à son pupille, par l'excellente raison que
l'adhésion expresse ou tacite a été donnée à la tutelle officieuse, et que la disposition s'exécute à une époque où le
mariage est dissous. Mais la règle prohibitive de l'adop-

tion d'une personne par plusieurs individus doit, en notre matière, être observée, puisque la loi ne l'abroge pas.

Le pupille est forcément mineur, et incapable de prendre parti sur un acte de cette gravité. Ses représentants, d'un autre côté, ne peuvent lui attribuer définitivement la qualité de fils sans sa participation. Aussi tout le monde admet-il que l'acceptation ou la répudiation émanée des représentants du mineur n'aura que des effets provisoires, et sera subordonnée à la détermination du pupille, devenu majeur.

Cette incertitude est très-fâcheuse ; mais c'était une conséquence inévitable de cette institution. Nous avons vu que le législateur n'avait pas toléré l'adoption ordinaire d'un mineur, à cause de l'importance de la fixité et de l'immuabilité en matière de question d'État.

§ IV. — Formes de cette adoption.

L'adoption testamentaire, ainsi que son nom l'indique, se fait par acte testamentaire, peu importe l'espèce de testament qu'ait choisie le testateur.

Le caractère de cette institution montre aussi qu'elle est essentiellement révocable (895). Mais la loi n'exige pas que la clause contenant l'adoption soit accompagnée d'une disposition quelconque de biens. Nous croyons également que, vu le silence de la loi, l'on ne peut prononcer la nullité de cette adoption particulière, si elle n'a été homologuée par l'autorité judiciaire, ni inscrite sur les registres de l'état civil. Mais nous conseillons vivement aux parties intéressées de remplir ces formalités, pour éviter toute difficulté.

§ V. — Effets.

Ils sont absolument les mêmes que ceux de l'adoption; nous n'avons qu'à y renvoyer, pour ne pas nous livrer à des répétitions superflues.

POSITIONS.

—

DROIT ROMAIN.

I. — Avant l'époque des jurisconsultes classiques, il n'était pas nécessire que l'adoptant fût plus âgé que l'adopté.

II. — L'adopté et les enfants de l'adrogé éprouvent une *minima capitis deminutio*, quoique, en réalité, ils ne perdent pas leur indépendance; ils n'ont jamais été en effet *sui juris*.

III. — Le fils adoptif a la *querela inofficiosi testamenti* à l'encontre de son père naturel, s'il est émancipé avant la mort de celui-ci ; il se trouve alors dans la même position qu'un de ses frères émancipés par ce dernier.

IV. — Le magistrat, *apud quem legis actio est*, ne cesse pas d'être compétent en cette matière, s'il est intéressé, soit comme adoptant, soit comme adopté, soit comme donnant en adoption.

DROIT CIVIL.

I. — L'enfant naturel reconnu ne peut être adopté par celui qui l'a reconnu.

II. — L'adoption peut toujours être attaquée par voie d'action principale.

III. — Il suffit que les conditions auxquelles est soumise l'adoption existent au moment de la formation de ce contrat devant le juge de paix.

IV. — L'hypothèque légale de la femme s'étend aux conquêts de la communauté, soit dans le cas de renonciation, soit dans le cas d'acception, vis-à-vis des créanciers chirographaires, comme vis-à-vis des créanciers hypothécaires, ayant des droits réels sur ces conquêts, consentis par le mari.

DROIT CRIMINEL.

I. — Il n'y a pas crime de bigamie, si le premier mariage est entaché de nullité, bien que cette nullité ne soit pas déclarée à l'époque de la célébration du deuxième mariage.

II. — La résistance à l'ordre illégal d'un agent du gouvernement ne constitue pas le crime de rébellion, si cet officier public agit sans ordre émané de l'autorité.

DROIT ADMINISTRATIF.

I. — Avec les arrêts des 29 mars et 3 avril 1850, rendus par le tribunal des conflits, et avec la dernière jurisprudence de la Cour de cassation, nous admettons qu'au Conseil de préfecture appartient l'appréciation des dommages permanents, aussi bien que des dommages temporaires.

II. — D'après l'article 55 de la loi du 16 septembre 1807, il n'y a pas lieu de faire entrer dans l'estimation la valeur des matériaux à extraire d'une carrière qui

n'est pas en exploitation ; le propriétaire n'a droit qu'à
la réparation du dommage causé aux champs par suite
de leur occupation, pour la confection des chemins, ca-
naux, et autres ouvrages publics.

Vu et autorisé :

Le Doyen de la Faculté de droit d'Aix,
Chevalier de la Légion d'Honneur,

L. CABANTOUS.

Vu et permis d'imprimer :

Le Recteur de l'Académie d'Aix,
Commandeur de la Légion d'Honneur,

DESCLOZEAUX.

www.ingramcontent.com/pod-product-compliance
Lightning Source LLC
Chambersburg PA
CBHW060553210326
41519CB00014B/3462